Global 海洋人

목포해양대학교 전경

육성의 요람

한국해양대학교 전경

영미 해양명시선

어머니의 품, 생명의 바다

영미 해양명시선

어머니의 품, 생명의 바다

이재우 역·편저

문경출판사

책을 내면서

이 책은 저자가 편집한 영문판 영미 해양명시집 『The Anthology of Sea Poems, Down To The Sea』의 한글 번역판입니다. 해양강국은 국민의 투철한 해양사상이 그 바탕이 된다고 생각하고, 해양문화 창달을 위한 활동의 일환으로 엮었으며, 이 책이 바다와 친숙해지는 데 도움이 된다면 큰 보람으로 여기겠습니다.

2024년 5월 31일 바다의 날에 望百을 자축하며

저자

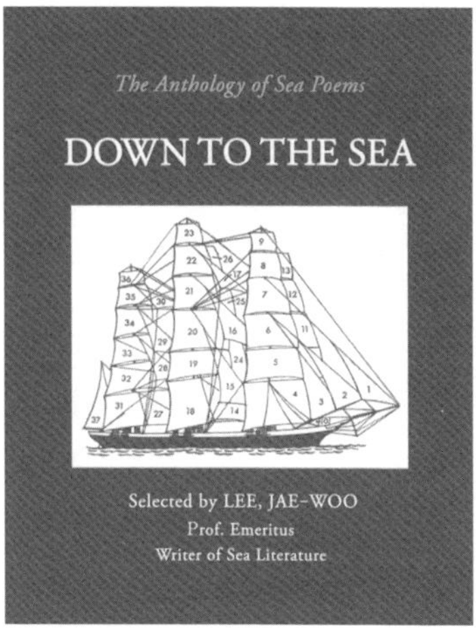

시편에서

선척(船隻)을 바다에 띄우며
큰 물에서 영업하는 자는
여호와의 행사와 그 기사를
바다에서 보나니(라).

-시편 107편 23-24

| 바다의 명언(名言) |

"바다를 지배하는 자는
세계의 무역을 지배하고,
무역을 지배하는 자는
세계의 부(富)를 지배하고,
그 결과 세계를 지배한다."

-월터 롤리 경
(Sir Walter Raleigh, 1552~1618,
영국의 정치가, 탐험가)

트라팔가 해전
The battle of Trafalgar

목 차

해양 명시 *Great Sea Poems*

존 메이스필드 *John Masefield*

월트 휘트먼 *Walt Whitman*

목 차

목 차

목 차

목 차

목 차

어머니의 품, 생명의 바다

시 · 이재우

바다!
기쁨을 안겨 주는 바다를 그린
드높은 시가 있다.

산호초와 인어의 노래, 진주와 조가비,
황홀한 저녁놀에 빛나는 해변,
심연(深淵)에 묻힌 임자 없는 보고의
신비한 노래가 있다.

끝없는 바다와 험한 뱃길,
노예선과 해상반란,
죽음으로 이끄는 암초와
침몰한 앙상한 배들,
여기서 살고 여기서 죽은 돌아오지 않는 사람들의
슬픈 노래가 있다.

바다에서 삶을 누린 사람들의
공포와 환희,
절망과 희망,
그리고 영광과 승리를 읊은 시인들의
부르짖는 소리가 있다.

흥겨운 뱃노래와 진기한 풍속,
짠바람 속에서 싹튼
구수한 말들이 있다.

바다!
무한한 가능성을 지닌 바다
신비의 바다,
생명의 바다!

신화가 있고 그리스의 문명이 싹튼 에게 해(海),
예수 그리스도의 갈릴리 해변,
콜럼버스가 횡단한 망망대해,
헤밍웨이의 무대 카리브 해,
바이킹이 휩쓴 북해,
타이타닉 호의 참사를 안은 빙해(氷海),
그리고 펭귄 새 우짖는 남극해,
이 모두가 갖가지 이야기로 얽히고설키어 있다.

바다에 도전하고 싶다!
위대한 시인들은 인생과 바다를 노래했다.
영원히 잊지 못할 이 시들을
우리도 소리 높이 읊고 싶다!

바다는 인간의 연인이요,
꼭 안기고 싶은 어머니의 품 안인가.

| 서설(序說) |

고래(古來) 문학의 무대는 바다였다.
떠나감이 없는 문학은 없다
그 떠나감은 육지에서 바다라는
미지의 세계를 향하여 떠나는 경우가 많다.
—저자의 말

■ 매혹의 바다, 동경의 바다

바다는 어떤 존재인가. 문학 속에서 바다는 시대에 따라 여러 모로 묘사되고 있다. 선원 생활의 찬가(讚歌)라고 말하는 콘래드의 작품을 먼저 고려해 본다. 영국에 귀화(歸化)한 폴란드 태생 콘래드(Joseph Conrad, 1857~1924) 선장은 영·미 문학사에서 바다를 무대로 인간의 드라마를 그린 작가로 특이한 존재이다. 실제로 황파와 싸우는 생활을 겪은 뒤로는 바다라고 하는 데서 잔혹성(殘酷性)을 알게 되고, 선원으로 눈뜨는 체험을 한다. 해양문학가로서 본바탕이 잘 드러나고 있는 중편 소설, 「청춘(Youth)」의 한 대목을 적어 본다.

「배는 나뭇잎처럼 흔들리고, 앞뒤로 흔들리다 물구나무섰다가 엉덩방아를 찧고, 좌우로 흔들리고, 으르렁거렸다.

She tossed, she pitched, she stood on her head, she sat on her tail, she rolled, she groaned.」

처절한 폭풍의 바다 정경을 생생하게 묘사하고 있는 대목이다. 「청춘(Youth)」 중의 으뜸가는 대목으로 잘 알려져 있는데, 될 수 있는대로 문장을 짧게 하고 동사를 활용하여 배의 상태를 정확하게 묘사하고 있다. 압도적인 역량감(力量感)과 긴박감(緊迫感)이 넘쳐흐른다.

오랜 세월 바다의 짠바람 속에서 단련된 노련한 <찰리 말로> 선장이 바다라는 강한 끈에 매어 있는 네 명의 뱃사람 친구에게 자기의 파란 만장했던 젊은 날의 항해 체험을 이야기하는 줄거리로 엮어진 이 소설에서, 이야기를 마친 말로 선장은 향수에 젖어서 최후에 이처럼 중얼댄다.

「아아! 그리운 그 시절—그리운 좋은 시절, 청춘의 바다, 매혹의 바다!

Ah! The good old time— the good old time. Youth and the sea, Glamour and the sea!」

이 소설의 주제는 바다와 동양에 대한 동경(憧憬)이다. 거기에서는 청춘을 구가하는 낭만주의와 몽상성이 아주 나이브하면서 직선적으로 한없이 전개된다.

16세에 선원이 되어 37세에 작가로 전향하기까지 22년간 바다에서 삶을 보낸 콘래드에게는, 바다는 청춘의 동의어요, 청춘과 밀착되어 있었다. 바다는 그를 길러냈고, 그 풍부한 감수성과 상상력이 끝없이 솟아나는 귀중한 소재를 제공했다고 하여도 좋을 것이다.

「청춘(Youth)」에서 주목할 점은 생기가 넘치는 20세의 청춘 체험을 22년의 해상경험을 쌓은 후에 노숙한 경지에서 이야기하고 청춘의 용약(勇躍)과 청춘에 대한 향수가 리프레인 되어 있는, 청춘과 동양의 매력의 랩소디는 콘래드의 작품에서 가장 인기가 있으며 그의 세계의 본질적인 일부를 대표하는 작품 중의 하나라는 평가를 지금까지 받고 있다는 점이며, 선원정신의 찬가라고 할 만한 작품이다. 세계의 많은 선원교육기관에서 학생들의 필수 교재로 애용되어 왔다. 필자도 해양대학 재학시절 이 작품을 대할 수 있었다.

문학 속의 바다는 콘래드의 「청춘(Youth)」에서처럼 과연 매혹적이며 동경해 마지않는 바다인 것일까.

■ 8세기 고대 영시, 「뱃사람 The Seafarer」

고래(古來) 바다는 미분화(未分化)의 혼돈을 상징하고, 야만적이고, 무질서하고, 문명의 대극에 있는 무서운 장소로 여겨 왔다. 고대 영어(OE)의 해양시 「뱃사람(The Seafarer)」에서는 항해는 부정적인 것으로 포착되었다.

「뱃사람(The Seafarer)」은 고대 영어의 두운(頭韻, alliteration) 시로, 124行으로 된 8세기의 단장이다. OE시(詩)의 잔존 사본의 최대 수집인 Exeter Book에 수록되어 있다.

해상 생활의 고통을 겪을 대로 겪은 늙은 뱃사람과 바다의 모험을 동경하는 젊은이 사이의 대화인데, 인생을 선편(船便)여행에 비유하고 있는 노선원의 독백이라고 해석한다.

바다는 한랭하고, 황량하고, 우울하다. 시인의 어조는 침울하고 애조를 띠고 있다. 앵글로색슨 민족의 바다에 대한 감정이 전해지고 있는 것일 게다. 파운드(Ezra Pound, 1885~1972, 미국의 시인)가 현대 영어로 번역해서 유명하게 되었다.

■ 문호(文豪)들의 해양관(海洋觀)

셰익스피어의 작품에서 리어 왕(King Lear)이 듣는 파도 소리는 인간 비극의 상징이다. 오셀로(Othello)에서는 광풍이 휘몰아치는 바다는 운명적인 재난을 반영하고 있다. 이에 반해서 바다에 대한 긍정적인 견해, 동경을 나타내고 있는 것이 낭만주의적 감수성이라고 오든(W.H. Auden, 1907~1973, 영국의 시인)은 논하고 있다.

바이런 경(Lord Byron)의 「차일드 해롤드의 편력 Childe Harold's Pilgrimage」 중의 한 대목, 「The Ocean」에서는 인위의 파괴자인 바다의 에너지를 칭찬한다. 콜리지(S.T. Coleridge, 1772~1834, 영국의 시인)는 「노선원의 노래 The Rime of the Ancient Mariner」에서 바다를 죽음과 재생의 장(場)으로 받아들인다. 워즈워스(W. Wordsworth, 1770~1850, 영국의 계관시인)는 「영혼 불멸의 송가 Immortality Ode」에서 바다를 영혼의 불멸성과 연결짓는다. 미국의 국민시인, 휘트먼(W. Whitman, 1819~1892)은 그의 생애를 통하여 바다가 좋았기에, 바다에 얽매였음을 잘 나타내고 있는 11편의 해양시 모음, 「Sea-Drift, 표해(漂海)」가 그의 시집, 「풀잎 The Leaves of Grass」에 실려 있다. 원대한 미국의 꿈, 자유와 진보를 싣고, 바다의 문화적 상징인 배는 바다를 달리면서 세계로 뻗어 나간다. 한편 영국이 해양국가로 발전한 18~19세기에는 해양 모험 소설이라고 할 대중 작품이 많이 나왔다. 바다는 탐험, 모험의 무대가 되었다. 청소년들은 이러한 작품들을 읽고, 붉은 피가 끓어올라 칠대양에 웅비해 보겠다는 굳은 의지로 가슴이 설레었다. 그들은 바다에 도전했다.

20세기에 들어서면서 바다는, 예컨대 조이스(J. Joyce, 1882~1941, 아일랜드의 소설가)에게는 아일랜드 탈출의 기회를 부여해 주는 곳이고, 엘리엇(T.S. Eliot, 1888~1965, 영국의 시인)에게는 복잡한 인간관계에서 해방하는 존재로 그려진다. 콘래드는 빼어난 많은 해양소설을 썼는데, 그에게 바다는 인간 존재의 근원을 묻는 장소로 원시적 자연을 나타낸다. 카슨(R. Carson, 1907~1964, 미국의 여성 해양과학자)은 그의 저서 「우리를 에워싼 바다 The Sea Around Us」에서 「인간의 생명도 어머니의 아기집 속에 있는 작은 해안-양수-에서 비롯한다」고 말하면서, 바다가 오염되면 아기집 속의 해안도 오염된다고 경고한다. 「침묵의 세계 The Silent World」의 저자인 프랑스의 해중과학의 선구자, 쿠스토(J. Cousteou, 1910~1997)는 「바다가 죽으면 인류도 죽는다」고 인류에게 경고한다. 스윈번(A.C. Swinburne, 1837~1909, 영국의 시인, 비평가)도 바다를 거룩하고 다정한 어머니로 묘사하고, 「오오, 푸른 띠 두른 아름다운 나의 어머니시여」라고 읊으면서도 「인간의 생명을 즐기는 아름다운 어머니시여, 인간은 그대가 음흉하고 잔인하다고 하오. 그대는 앗아갈 뿐, 되돌려 주질 않네, 그대는 그대가 죽인 자들로 가득 차고, 그들처럼 차갑도다. 그러나 죽음은 그대가 가져오는 최악의 것. 그대는 우리의 죽은 자들로 배를 불린다.」라고 바다를 비판한다. 생명의 바다는 어느덧 잔인한 바다로 변하고 있다.

미국의 여성 시인 무어(M. Moore, 1887~1972)는 그녀의 시 「The Grave 무덤」에서 바다를 냉정하고 객관적인 눈으로 관찰하고 있다. 「바다는 잘 파 놓은 묘지다. 바다는 죽은 자의 수집자이다.」라는 대목이 있다. 바다는 인간을 가라앉히는 잘 파 놓은 무덤이요, 탐욕스런 표정을 지닌 수집자라고 생각하고 동시에 「등대의 고동이나 타종부표의 소음」 밑에서 하등의 위험한 의지도 갖고 있지 않은 듯이 아름답게 꾸미고 있다. 이 자연과 인간의 관계는 낭만파적인 정서의 개재(介在)를 조금도 허용치 않고 있다. 양자는 엄한 대립을 바탕으로 단지 인간의 무지 때문에 그 현실을 가끔가끔 경시하고 있는 것에 불과하다. 인간은 바다가 죽음의 무덤이라는 것을 잊고 있다. 어부들은 평화롭게 어망을 내리고 바다와 해롱거린다. 어선과 바다의 이미지는 정말로 한 폭의 우의화(寓意畵)와 같다. 이처럼 아름답고 예리한 이미지는 무어의 인생 성찰의 정확성을 남김없이 보여주고 있다. 「무덤」이라는 이 시를 읽는 독자들은 신선한 그녀의 감각에 경이의 눈을 돌리면서 바다에 대한 그녀의 견해에 말려들어 두 번 다시 진부한 낭만주의파의 동경의 해양시는 읽지 않게 되리라고까지 평한다.

헨리(W.E. Henly, 1849~1903, 영국의 시인)는 「마음 내키지 않는 땅속 아니라, 생명 있는 바다에 이 몸 묻어 다오!」라고 소망하고 있다. 메이스필드(J. Masefield, 영국의 계관시인)는 바다의 시인이라고 부르는데, 「나는 바다로 다시 가련다, 저 호젓한 바다와 하늘을 찾아서」로 시작하는 그의 대표시 「Sea-Fever 해수」의 끝부분에서, 「조수의 향기 그윽한 바다에 대하여 귀거래사를 읊는다 해도 인생의 긴 근무 시간을 마친 뒤에라야 비로소 안식이 얻어지는 것」이라고 맺고 있다. 그렇다면, 매서운 칼바람 휘몰아치는 곳인 인생의 황파 속일지라도 용감하게 배를 저어 가야 할 것이다. 그리하여 생과 사가 귀일(歸一)하는 곳을 바다에서 찾는다 해도, 그때까지는 항상이 근심 많은 투쟁 속에서 참고 견디면서 헤쳐 나가야 한다. 바다는 삶의 터전이요, 생명 귀의의 바다인 것이다.

헤겔(Hegel, 1770~1801, 독일의 철학자)은 「바다는 혼돈되고 신비하며, 음침하고, 무섭고, 파괴적인 자연력 때문에, 예측할 수 없는 성질을 지닌 존재다」라고 바다의 본성에 대해 말하고 있다.

존손(Samuel Johnson, 1709~1784, 영국의 문인, 비평가)은 「배를 타고 있는 것은 옥중에 있는 것이다. 익사의 위험을 길동무하고서」라고 말한다. 메이스필드도 「이 땅에 태어나 숨 쉬고 사는 우리는, 운명의 밑바닥, 말 없는 바다를 배가 건너게 한다. 언제나 열려있는 저 죽음의 문을 희롱하며」라고 읊고 있다.

시원적으로 위험에 노출된 바다, 「판자 한 장 밑은 지옥(Every plank is a fate)」인 바다에서 선원은 24시간 생활한다. 바다는 모든 것을 '바다'들인다. 생명의 모태인 바다는 한없이 다정하면서도 준엄해서 항거하는 일은 용서치 않는 무한한 「바다의 힘」을 갖고 있다.

■ 성서(聖書)의 계시

바다, 가혹한 바다에는 희망이 있는가. 성서(聖書)에는 「배를 타고 바다로 내려가 대해에서 장사를 하는 자들은 여호와 하느님의 기적과 행사를 본다.(시편 107편 23-24)」라고 기록되어 있다. 바다가 삶의 터전이라는 이 계시는 구미인에게 해양진출에 대한 확고한 믿음을 심어 주었다.

고대부터 여러 나라의 민족은 항해와 해운의 중요성을 깊이 인식하고 있었다. 「항해해야 한다(It's necessary to sail the sea)」는 정신으로 해양을 탐험하고, 개척하며, 진출했다. 이 말은 중세의 정치적, 상업적 동맹인 한자 동맹(Hanseatic League)의 모토이다. 「교통은 문명이다 Transportation is civilization」라고 영국의 시인이자 소설가인 키플링이 말했듯이, 문명은 해상수송을 필요로 했다. 항해의 미래는 문명의 미래와 매우 밀접한 관계가 있다.

한 시인은 말한다. 「바다여, 우리가 사용하는 문자인 '바다(海)'에는 '어머니(母)'가 있다. 그리고 프랑스 인의 말에서는, '어머니(La Merr)' 속에 '바다(La Mer)'가 있다.」

■ 바다와의 만남

우리들은 '바다'라고 하면 어딘가 모르게 막연한 향수를 느낀다. 이것은 낭만파적인 시정의 감화에 의한 것일 게다. 바다라는 같은 주제에 대해서도 전혀 다른 새로운 느낌을 나타내는 것을 볼 수 있다.

사람마다 바다에 대한 경험은 다르다. 시원하고 상쾌한 분위기에서 해수욕을 즐기는 바다, 해변에서 연인을 만나는 바다, 그런가하면 해양 작품 속에서 만나는 바다도 있다. 그러나 뱃사람들은 생업을 찾아 배를 타고 바다에 나간다. 본디 그 길은 영달과는 거리가 멀다. 희로애락을 겪으면서 때로는 생명을 걸고서 항해해야 한다. 이렇게 만나는 바다는 '전장(戰場)'이다.

그런데 뱃사람들이 바다와 맺어지면서 받게 되는 가장 강렬한 쇼크는 해난이 아닐까. 이른바 'SSBC'라고 부르는 「침몰(sinking), 좌초(stranding and aground), 화재(burning), 충돌(collision)」과 같은 것을 내포한 사건들은 해피엔드로 끝나는 해양 모험소설 속에서는 오히려 독자에게 스릴과 흥미를 돋워 주지만, 현실은 어떠한가. 비참할 뿐이어서 마음이 무척 아프고 무겁다. 더욱이 인명 손실이라도 있게 되면, 유족에 대한 안쓰러운 생각을 떨쳐버리지 못한다. 해난기록 같은 글을 대하게 되면 준엄한 현실 앞에서 희생자들에게 용서를 빌고 싶은 심정이 절절하다. 알고 보면, 문학 속의 바다, 해양문학의 무대인 바다는 이러한 곳이다.

■ 타이타닉 호 침몰사고와 솔라스(SOLAS)의 탄생

세계의 해양문학을 장르별로 분류해서 생각할 때, 해양 다큐멘터리 분야에서 타이타닉(Titanic)호의 해난사고 기록이야말로 특기할 만한 것이라고 할 것이다.

제크 위노커(Jack Winocour)가 1960년에 편찬한 타이타닉 호 생존자의 증언 기록인 「The story of the Titanic as told by its survivors」는 지금도 입에 오르내리는 손꼽히는 대형 해난사고의 진상을, 이 거대한 호화 여객선의 파멸로부터 구사일생으로 겨우 살아남은 사람들의 증언과 기록을 바탕으로, 명백히 파헤쳐 보려고 시도한 생생한 다큐멘터리 소설이다.

1912년 4월 15일 아침, 불침선(不沈船)이라고 불렀던 해상의 궁전 타이타닉 호가 처녀 항해 중 북대서양 상에서 빙산에 충돌하여 어처구니없이 바닷속 깊이 사라지고 말았다. 처녀 항해 닷새째에 희생자 1503명을 냈다.(주: 월터 로드Walter Lord 저, 'A Night to Remember'에는 1502명의 익사 기록이 있음). 당시의 선원들이 해상안전에 관한 훈련이 안되어 있었다는 점을 보여주고 있다. 해양대국 영국은 이 점에 대해서 매우 부끄럽게 생각하고 선원훈련제도를 개선했다. 이 해난사고로 많은 인명 상실의 전모가 드러났을 때, 문명 세계는 그 심각성을 보고 큰 충격을 받았다. 타이타닉 호는 사라졌으나 남겨 준 교훈은 컸다. 1914년, 마침내 해상인명안전에 관한 국제회의가 이를 계기로 열렸고, 「솔라스(SOLAS)」로 알려진 「해상인명안전에 관한 국제협약」이 탄생했다.

한편 타이타닉 호가 침몰한 지 약 100여 년이 지나서 하루 뒤인 2014년 4월 16일, 한국에서는 대형 여객선 세월호가 침몰하고, 수학여행차 승선했던 고등학생 등 325명이 선실에 갇힌 채 배와 함께 침몰, 그중 일반인 포함 295명이 사망하고, 9명(일반인 3명, 교사 2명, 학생 4명)이 실종했다. 생생하게 침몰 광경이 TV로 중계되는 현장을 보고 한국의 국민은 물론, 전 세계가 놀라움을 금치 못했고, 인천항 출항 후 1089일(2017년 4월 16일)만에 극적으로 인양에 성공했다. 타이타닉 호의 침몰 광경은 TV가 없던 시대라서 중계되지 않았지만 세월호는 생생하게 여러 날 가슴 졸이게 하는 현장 중계로 젊은 생명을 구조 못하고 있어 안타까워 했고, 구조를 못하고 있는 국가의 능력, 승객을 방치하고 탈출한 선장이하 선원들에 대한 국제사회의 비난은 신랄하고 해양강국 한국은 그 위상이 무참히도 무너졌다. 너무 부끄러워서 우리나라 국민은 고개를 들 수 없게 되었다.

■ 해양력의 각축장인 바다

「역사에 미친 해양력의 영향(The Influence of Sea Power upon History, 1660~1783)」은 엘프릿 세이어 마한(Alfred Thayer Mahan)의 명저로 손꼽힌다. 마한은 시파워(sea power)라는 말을 사용했는데, 편의상 「해양력」이라고 번역해서 사용키로 한다. 이 말은 해군력 이상의 개념을 지니고 있다. 그에 의하면 「시파워란 무력에 의해서 해양 내지 그 일부분을 지배한 해상의 군사력뿐만 아니라, 평화적인 통상 및 해운을 포함한다」고 기술하고 있다. 제해권(制海權)의 개념은 바다를 지배하는 권력, 곧 전시나 평시를 가리지 않고 군사, 통상, 항해 따위에 관하여 바다에서 가지는 실력, 해상권(海上權)을 뜻하므로 시파워는 행상 권력(海上權力)으로 번역해서 사용하기도 한다.

21세기 신해양시대에 식민지시대의 침략적인 시파워는 그 의미를 상실해 가고 있다. 언크로스(UNCLOS, 유엔해양법협약)가 발효된 이 시대에 앞으로 세계적인 관심이 고조되고 있는 네오시파워(neo-seapower, 신해양력)라는 새로운 개념이 등장했는데, 이 개념은 보다 평명(平明)하게 행동영역을 넓히고, 선진 국가들이 그 책임을 지지 않는 한 세계 속에서 탁월한 존재가 될 수 없을 것이다. 시파워는 국가 존립을 위한 필수 조건이다. 지금은 바다와 인간의 공생(共生) 관계를 찾는 데 그 의미를 부여해야만 하게 되었다. 네오시파워란 「인간과 바다의 종합적인 관계」라고 말할 수 있다. 21세기의 바다는 평화의 바다, 안전의 바다, 협력의 바다를 지향한다. 해양은 인류의 마지막 희망이요, 인류의 생존문제가 바다에 달려 있다.

바다는 삶의 터전이요, 그래서 변함없이 해상권력의 각축장이 되고 있다.

■ 풍파에 놀란 사공…

우리나라는 해상직업(선원직업)을 천시하는 경향이 짙다.

백제, 신라, 고려시대에는 찬란한 해양문화를 꽃 피운 적도 있었고, 해상왕국시대가 있었던 전통적인 해양민족이었음이 밝혀지고 있다.

그러나, 「풍파에 놀란 사공 배 팔아 말을 사니, 구절양장(九折羊腸)이 물도곤 어려워라, 이 후(後)란 배도 말도 말고 밭 갈기만 하리라.」라는 이 옛 시조는 조선왕조시대에 선원직업을 천시하는 경향이 짙었다는 것을 잘 보여주고 있다.

■ 육당(六堂)의 해양민족론

육당 최남선(六堂 崔南善)은 「해양민족론」을 내세우며 우리 민족의 혈관에 흐르고 있을 해양진출의 기상을, 새 시대를 맞으면서, 되살려 보려고 진력했다.

육당(六堂)은 1954년 10월 1일자로 쓴 「한국해양사 서문 초(抄)」, 「서(序)에 대하야」에서 우리 민족은 전통적인 탁월한 해양민족이며, 우리 민족의 장래는 바다에 있음을 강조하고 있다. 그 일부분을 인용하면서, 이 위대한 선각자의 투철한 해양입국 사상을 다시 한 번 되새겨 본다.

누가 한국을 구원할 자이냐,
한국을 바다의 나라로
이르키는 자가 그일 것이다.
어떻게 한국을 구원하겠느냐,
한국을 바다에 서는 나라로 고쳐 만들기 그것일 것이다.

(주: 원문을 존중, 맞춤법도 당시 반표된 그대로 옮김).

우리나라가 해양 개척 없이는 살아남기 어려움을 일깨워 주고 있는 육당은 「진실로 인도하기를 옳게 할 것 같으면, 일찍 바다의 위에서 유능유의한 많은 증거를 보인 우리 국민은 금후에 있어서도 반드시 이 장단에 큰 춤을 추어서 다함께 구국의 대원을 이룰 것이다」라고 맺으면서, 역사적으로 볼 때 탁월한 해양민족인 우리 민족의 나아갈 길을 제시하고 있다.

■ 젊은이여, 바다로! Down to the sea, young man!

인류는 바다를 떠나서는 살 수가 없다. 많은 인재들을 바다는 필요하게 되었다. 나라마다 해양 진출에 열을 올린다. 바다는 생명선이기 때문이다.

젊은이들이 바다에 도전해야 한다. 하지만 위험에 노출된 바다에 젊은이들이 도전하도록 하기 위해서는 정책적인 배려가 있어야 할 것이다. '안전 제일'이 삶의 질을 높이는 데 고려되는 가장 중요한 항목이기 때문이다.

가혹한 바다, 낭만의 바다, 생명의 바다, 잔인한 바다, 공해와 오염으로 죽어가며 인류에게 되돌아오는 역류의 바다, 그리고 해상 권력의 각축장인 바다…. 바다는 시대에 따라 그 이미지가 변모하고 있다.

삶의 바다를 생각하면서, 「바다를 지배하는 자는 세계의 무역을 지배하고, 무역을 지배하는 자는 세계의 부富를 지배하고, 그 결과 세계를 지배한다 Whosoever commands the seas commands the trade of the world; Whosoever commands the trade of the world commands the riches of the world, and consequently the world itself.」는 월터 롤리 경(영국의 정치가·탐험가)의 명언을 되새겨 본다.

해양명시
Great Sea Poems

세상에서 가장 아름다운 것 셋

만월(滿月) 보름달

만삭(滿朔) 달이 차서 배가 몹시 부름

만범(滿帆) 돛이 바람이 차서 가득함

<메이스필드J. Masefield(좌측)와 예이츠W. B. Yeats
(1935년 예이츠 70회 탄생일에 Dublin에서)>

존 메이스필드
John Masefield

John Masefield

The Marine Society 발간(1978년)

해수(海愁)
  Sea-Fever
방랑자의 노래
  A Wanderer's Song
뱃짐
  Cargoes
길
  Roadways
여기 배가 있었다
  I Saw Her Here

팔점종(八點鐘)
  Eight Bells
다시 부르는 옛 노래
  An Old Song Re-sung
무역풍
  Trade Winds
새 선수상(船首像)
  The New Figurehead
배
  The Ship

해수(海愁)

존 메이스필드

나는 바다로 다시 가련다, 저 호젓한 바다와 하늘을 찾아서,
내 바라는 것은 높직한 돛배 하나, 길 가려 줄 별 하나,
그리고 파도를 차는 키와 바람 소리 펄럭이는 흰 돛,
바다 위의 뽀얀 안개 먼동 트는 새벽뿐일세.

나는 바다로 다시 가련다, 달리는 바닷물이 부르는 소리
거역 못할 거센 부름, 맑은 목소리 좇아서;
내 바라는 것은 흰 구름 흐르고 바람 이는 날,
흩날리는 물보라, 흩어지는 물거품,
그리고 갈매기 떼 우짖는 소리뿐일세.

나는 바다로 다시 가련다, 정처 없이 떠도는 집시의 삶을 찾아서,
갈매기 날고 고래 물 뿜는 곳, 매서운 칼바람 휘몰아치는 곳으로;
내 바라는 것은 껄껄대는 방랑자 친구들의 허풍 섞인 신나는 이야기와,
그리고 지루한 당직(當直) 끝에 늘어져 한숨 자며 꿈꾸는 달콤한 꿈이로세.

방랑자의 노래

존 메이스필드

마음속엔 바람이 일고, 뒤꿈치엔 불붙은 나는
벽돌과 돌덩이와 덜거덕거리는 마차 소리에 지쳐 버렸다.
내가 그리는 것은 오직 바닷가, 이 땅 끝,
성난 대서양이 모래 위에 포효(咆哮)하는 곳.

자 가자, 떠들썩한 마을일랑 뒷전에 두고,
큰 돛대 힘차게 줄 당기는 곳으로.
작은 배 파도 위에 출렁이는 투묘지에, 자, 어서 가자,
조수에 부딪칠 때까지 자꾸만 가자.

맨 먼저 짠바람을, 그리고 갈매기 울음 소리와,
녹슨 뱃전에 부딪치는 파도 소리 또한 들으며,
작은 배 닻줄 감는 노래 소리 들리면,
이제야 다 왔구나, 내 마음은 아는데.

아, 나는 벽돌과 돌덩이는 진저리난다,
내 마음 가는 곳은 파도치는 푸른 바다, 백경(白鯨)의 나라일 뿐.
하니까 나는 가는 것이다, 마차 소릴랑 뒷전에 두고,
마음속엔 바람이 일고, 뒤꿈치엔 불붙어 있으니.

뱃짐

존 메이스필드

니네베의 군선(軍船)은
머나먼 오빌에서
상아와 원숭이와 공작새,
백단향, 향나무 그리고
달콤한 백포도주를 가득 싣고,
양지바른 팔레스타인 항구로
노 저어 돌아온다.

장려한 스페인의 갈레온 무역선은
다이아몬드, 에메랄드, 자수정, 황옥
그리고 석류석과 옛 금화를 싣고,
열대를 지나 야자수 푸른 해안 따라
잠시 잠기고, 파나마 운하를 거쳐서 온다.

칙칙한 꼴사나운 영국 연안 무역선은
짠바람에 굳어 버린 굴뚝을 우뚝 내밀고,
삼월 무서운 날씨에 영국 해협을 지난다.
타인 강에서 석탄, 길 울타리감, 납덩어리,

땔나무, 철물, 그리고 싸구려 양철 쟁반을 싣고서.

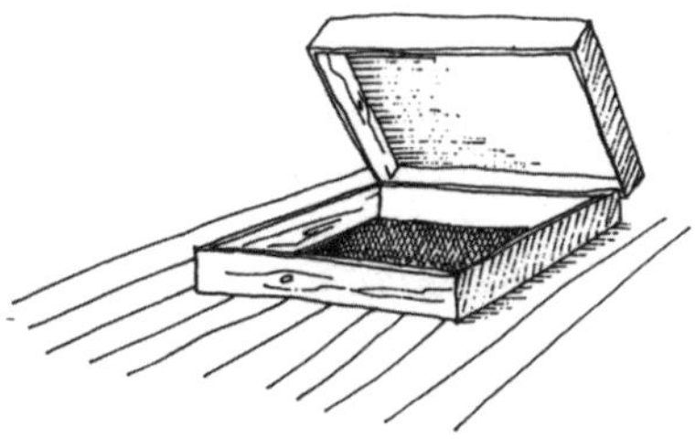

Hatch

길

존 메이스필드

한 길은 런던으로,
한 길은 웨일즈로 달리네,
내 갈 길은 저 바다로
물에 잠긴 흰 돛대로 향하였어라.

한 길은 강으로,
강물은 천천히 노래하며 흘러가네 ;
내 길을 따라 가노라면 배가 있네,
거무튀튀한 선인(船人)들이 가는 곳일세.

이끌며, 꼬이며, 나를 부르네,
짭짤한 큰 파도 물결치는 바다로 ;
흙내 풍기는 먼지 일지 않는 길은
내겐 다시 없는 가야 할 길이로세.

갈매기 울음소리 거칠고,
물결치고 반짝이는 축축한 길은,
내 눈에 짠물 뿌려 물보라 날리고,
비린내 나는 사나운 바닷바람 부는 곳일세.

내 길은 나를 부르고, 나를 꼬이네.
동, 서, 남, 북, 사방에서 나를 부르네;
길을 따라 사람들은 집으로 가건만,
내 길은 나를 불러내 가네.

지나온 자취 어스레하게 보일지나
이제 몇 백 마일 더 달려 보리라,
저 하나의 미(美)를 찾아보라고
신께서 여기 나를 보내셨으니.

여기 배가 있었다

존 메이스필드

거울 같은 만(灣)은 아주 고요한데,
해안 따라 투묘지(投錨地)는 비어 있고,
갈매기는 닻을 내린 물 위로 떠다닌다,
배들은 가 버리고 오지 않는데.

마을에서는 연기가 피어오르고, 들리는 건
부두를 맴도는 갈매기 울음 소리뿐,
물 속의 그림자는 그림 같은데,
여기 배가 닿았던 옛날과는 사뭇 달라졌구나.

여러 날
요란스럽던 서풍(西風)은 해안 바위에 부딪치고,
물마루 밑에 파도는 해협 타고 흘렀던 그때,
배는 여기 닿았었다,
상처입은 백조는 험한 날씨를 피하고.

미친 듯 성난 파도는 배 곁을 물결쳤다,
여기 갈매기 나는 곳 평온한 곳에.

팔점종(八點鐘)

존 메이스필드

사점종(四點鐘)이 거듭 울리고 나면,
카드 놀이꾼들은 자리에서 떠난다,
지배자가 살고 있는 선미 쪽 어둠 속으로.
난간 곁에서 선장은 마도로스파이프를 물고,
그의 곁에는 당직 교대자가 쉬고 있는 선원들을 내려다본다.

어둠 속에서 열두 사람은 이름이 불리면 대답을 하고,
한 사람은 키를 잡고, 한 사람은 파수를 보고,
나머지는 앉아서 게임을 한다.
달빛 받으며 격벽(隔壁) 강철 쇠에 등을 기대고,
불 켜진 구석에서 카드를 돌리며 손끝으로 튕긴다.

한편 교대한 사람들은 모두 뱃머리 쪽에 있다.
침대에서 자는 사람도 있고, 돛을 올리는 뱃노래를
나지막이 흥얼대는 사람도 있다.
돛에 활짝 바람 받으며 배는 달린다.
흔들리며, 기뻐서 구르며, 포효하며 앞으로 달린다.

다시 부르는 옛 노래

존 메이스필드

나는 배가 출범하는 것을 보았다, 출범, 출범하는 것을,
선창에 에메럴드, 루비, 사파이어 보석들을 싣고서;
감색 제복 차림인 갑판장은 난간에서 고함치면서,
금줄 달린 호각을 낭랑한 소리로 불어 댄다;
여름 바람은 잠잠해지고, 높직한 돛배는 건들거린다.

나는 배가 항주하는 것을 보았다, 항주, 항주하는 것을,
빨강 실로 돛폭에 장미꽃 수를 놓고;
자수정 담은 자루, 해적들의 약탈품,
사향내 그윽한 노랑 포도주 가득 채운 가죽 부대,
화려한 비단 부대를 싣고서,
흥겨웁게 뱃사람들은 돛줄을 끌어당긴다.

나는 배가 침몰하는 것을 보았다, 침몰, 침몰하는 것을,
파도는 번쩍 갑판 위에 넘치는데,
뱃사람들은 술창고에서 술 마시며 노래한다,
<클라래> 포도주 병을 꺼내어서 병목을 톡 치면,
깨어진 유리조각의 쨍그랑 소리,
배는 난파선 사이로 침몰하는데.

무역풍

존 메이스필드

항구와 섬, 그리고 스페인의 바다에는,
자그마한 하얀 집들, 오렌지 나무들이 있습니다.
밤낮으로 온종일,
서늘하고 상쾌한 산들바람 무역풍이 불고 있습니다.

붉은 포도주, 향미 가득한 스페인 맥주,
무희(舞姬)들의 춤추는 모습,
노련한 뱃사람의 신나는 이야기,
바이얼린의 삑삑거리는 즐거운 소리가 있습니다.
그리고, 돛폭에 살랑대며 무역풍은 불고 있습니다.

밤에는 개똥벌레, 휘영청 밝은 달이 있습니다.
희미한 종려 숲 속에서 졸린 듯한 가락으로
나를 부르는 고요한 목소리가 들려옵니다.
길게 나지막한 목소리로 무역풍은 불고 있습니다.

새 선수상(船首像)

존 메이스필드

99년 전 오래 옛날 가신 목공들이
당신의 모습을 모셨습니다.
당신께서 꿋꿋하게 개척해 나아가셨기에,
선구자 당신을 사모하는 정을 기울였습니다.
당신께서 오면가면 하신 개척은
외국 땅을 찾아서 바다를 탐색하고,
물보라를 내려 덮는 것 같사옵니다.

배를 지은 사람들, 배의 모습은 오래 전에 이 세상을 떠났고,
우리는 당신과 친밀하게 맺고 있기에,
오늘 당신께 당신의 모습을 다시 드립니다.
달리는 바다와 폭풍과 마주서며,
한결같이 밝으나 궂으나 끄떡없이 견디며,
머리와 두 눈으로 우리를 위해 보내신 당신의 일생을 다시 봅니다.

우리는 감사의 뜻으로 이것을 선물로 드립니다.
우리를 육성하고 우정을 나누어 주고
바다에서 종사하게 한 다정한 배에게, 당신과 그리고
미천한 지위로 지키는 선수(船首) 사람들, 그리고
어디에 배가 있을지라도 콘웨이 호에서 자라난 사람들에게,
해상생활을 마칠 때까지
모든 명예를 돌려 드립니다.

프랜시스 드레이크 경(卿)의 노래

존 메이스필드

프랜시스 경이 대해(大海)로 나아가기 전에,
사랑하는 님에게 말을 했다오,
"님이시여, 내가 떠난 뒤, 나를 기다려 다오,
일곱 해 세월을 기다릴지라도."

장미꽃보다 붉은 순정과,
산사나무꽃보다도 향기로운 그의 님은 대답했다오.
"저는 기다리겠어요, 여름에 눈 내리고,
겨울 들판에 건초(乾草) 풀이 날 때까지."

"얼음이 뜨거워지고, 칠월의 타는 태양 식을 때까지,
도버 해협의 절벽이 무너지고,
데번의 절벽이 옥토로 변할 때까지."

프랜시스 경은 배에 올랐다오,
돛을 활짝 펴고, 바람을 받으면서,
바닷물은 뱃전에서 꿀꺽거리고
부서지며 흰 거품이 일고 있는데,

날이 가고 달이 가도,
바다 위를 떠도는 님은 기별이 없었다오,
남극에서 둥우리 짓고 사는 바다제비가
소식을 물고 날아오지 않듯이,

칠년 세월이 흘러, 사람들은 기다림을 버리고,
그는 죽었다고 믿었다오.
조종(弔鐘)을 울리게 하고
장례식 기도문을 읽게 했다오.

장미꽃보다 붉은 순정 그의 님은,
두고두고 그의 죽음을 슬퍼했다오,
하지만 사랑하는 님에 대한 슬픔도
억척스런 삶 속에서 가시고 말았다오.

많은 사람들이 그녀의 삶을 괴롭혔다오,
천국인 양 사랑스런 두 눈을 쳐다보면서,
그녀의 두 눈은 총총히 빛나는 별이오,

사람의 눈이 아니라고 찬사를 보내면서.

그래서 그녀는
아홉 해째 건초를 거두어들이면서
귀공자에게 약속했다오,
마지막 추수가 시작되기 전에
결혼 예고를 서로 하자고.

화사하고 찬란한 결혼식 날,
종소리 높이 울려 퍼지고,
신부 들러리는 하이얀 옷을 입고,
교구(教區) 목사님은 가운을 입었는데,

장미 볼 아리따운 신부는
복도로 사뿐히 발걸음 옮기고,
드리운 치맛자락 사동(使童)이 거들고 ;
신랑 곁에 잠시 섰다 둘은 한 몸이 되었다오.

교회 안의 어느 누구 한 사람도
프랜시스 드레이크 경을 생각조차 안 했다오.
갑자기 요란한 소리, 교회의 익당(翼堂)은 비틀거리고
중앙탑은 흔들렸다오.

대포알이 벼락치듯
신랑 신부 사이를 뚫고 지나갔는데,
그녀는 말을 했다오,
"프랜시스는 자기 자리에
딴 사람이 왜 있는지 모르실거요."

"프랜시스가 바다에서 돌아옵니다,
여기 있는 이것이 전갈입니다.
귀공자 부인보다 그의 아내 되고 싶어요."

목사님이 다시 말씀하시기 전에,
한 사람 뛰어들며 말했답니다,
"드레이크가 돌아와요, 스페인 보화를 가득 싣고서.
그의 배는 저기 바다에 매어 있어요."

귀공자는 경건하게, 우아하게 말을 했다오,
"프랜시스 경에게 내 자리를 양보하면,
보다 현명한 방법이겠소. 그리고
나는 신랑 들러리나 서겠소."

Sir Francis Drake; 보석 박은 복장의 초상화
(the 'Jewel' portrait)

Drake는 선원을 부서에 배치할 때 북을 쳤다. 이 북은 Devon의 Buckland Abbey, Drake의 옛집에 보존 중인데, 영국이 해상 침공을 받으면 이 북이 울린다는 전설이 있다.
(Drake's Drum)

배

존 메이스필드

금속

인간이 짜낸 지혜로 내가 태어나기 전에는
나는 햇빛을 본 일조차 없었다;
땅 속 저 어둠 깊숙이,
대지의 무게에 압착되고,
그래서, 공기, 빛, 소음, 인간의 세상을 모른 채,
나는 누워 있었다.

나무

빙하가 우는 산 속에서 나는 자랐다,
거무칙칙한 무한한 우리 무리들은
하늘을 찌를 듯한 눈 봉우리 밑에 서 있었다;
신의 신음 소리 같은 노래가 우리 숲에 가득 흐르고;
우리는 인간을 알지 못했다.
우리의 생명은 노래하며, 사태에 맞서면서,
꿋꿋하게 견디어 냈었다.

대마(大麻)와 아마(亞麻)

우리는 언덕 위에 많이 자라는 풀이었다.
바람 부는 대로 고개 숙이는 풀들이었다.
실뿌리에서 떨면서 나와 줄기차게 자라서,
여름 땅에서 다정한 생명을 끌어냈었다.
작은 꽃 피는 푸른 풀이 산골짜기 위에 피고,
태양을 기뻐하면서, 하지만
인간에 대해서는 무엇을 알았던가

선원

이 땅에 태어나 숨 쉬고 사는 우리는,
운명의 밑바닥 말 없는 바다를 배가 건너게 한다;
언제나 열려 있는 저 죽음의 문을 희롱하며,
우리만이 그곳에서 친하게 이야기한다.
해와 달, 별은, 살아 있는 생명체인
바람에 날리는 이 쇠뭉치를 몰고 가는 표적이다.

노동자

광상(鑛床)에서 철을 떼어 내서,
불을 불어 넣어 달구어 강철로 만들고;
볼품없는 돌에서 둥근 선수(船首), 반듯한 용골(龍骨)을 만들게 되었다;
소나무를 잘라 널빤지를 만들고,
무수한 아마(亞麻)를 잡아 뜯어서 배를 꾸민다.

많은 인간으로부터 우리의 지식이 나오고,
많은 치밀한 공장(工匠)들이 방법을 생각해 내고;
증기는 우리의 시녀요, 불꽃은 하인,
물은 우리의 힘, 모두 우리 기계에 고개 숙인다.
바위에서, 나무에서, 탄력 있는 초본(草本)에서,
이 유랑하는 눈부신 가인(佳人)을 만들었다.

배

건조(建造)하는 데 그렇게도 많은 지혜가 도와준 나,
나는 여왕처럼 위대한 바다를 건너며 행진한다;
큰 파도 위로 내 자취 거품 이는 길을 바꾼다.
방랑자는 내 두 손을 꼭 쥐면서
딴 곳 육지 사람들의 생각을 알고 있다.

월트 휘트먼

Walt Whitman

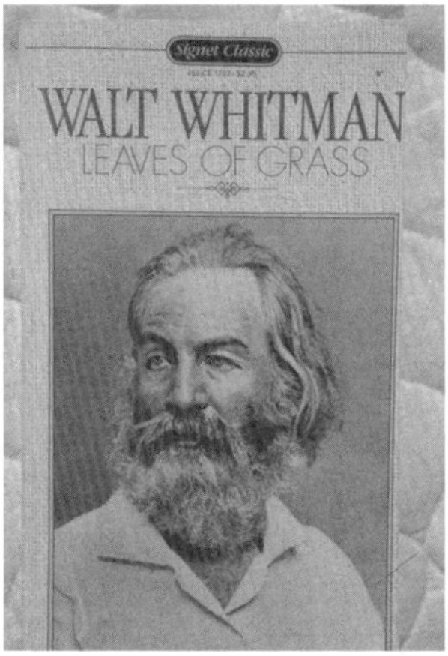

Leaves of Grass

아! 배를 타고 항해했으면!

O to Sail to the Sea in a Ship!

출렁대는 바다에서

Out of the Rolling Ocean the Crowd

항해 중인 선실에서

In Cabin'd Ships at Sea

모든 바다, 모든 배를 위한 노래

Song for All Seas, All Ships

오! 선장이여! 나의 선장이여!

O Captain! My Captain!

아! 배를 타고 항해했으면!

월트 휘트먼

아! 배를 타고 항해했으면!
견딜 수 없는, 변화 없는 육지를 떠나 봤으면,
재미없고 지겨운 차도, 인도 그리고 집들을 떠나 봤으면,
아! 영영 움직일 줄 모르는 육지 그대를 떠나, 배를 타 봤으면,
항해했으면, 항해했으면, 바다를 달렸으면!

출렁대는 바다에서

월트 휘트먼

출렁대는 바다에서 물방울 하나 나에게 살며시 와서,
속삭입니다—나는 당신을 사랑합니다, 나는 곧 죽을 것입니다
머나먼 길을 달려온 것은 당신을 만나 보고 만져 보기 위해서랍니다.
당신을 만나 보지 않고는 죽을 수가 없으니까요.
만나 보고서 당신을 잃을까 봐 겁이 납니다.

이제 우린 서로 만났어요, 서로 보았으니 안심입니다.
나의 연인, 바다에 평안히 돌아가셔요.
나도 나의 연인 바다의 한 부분이라오.
우리는 그렇게 많이 떨어져 있지는 않아요.
저 커다란 원형을 바라보아요,
모든 응집력을 보셔요, 얼마나 빈틈없는가요!
하지만 당신과 나 사이를 저 바다가 갈라놓아
　막을 길이 없을 것입니다.
한동안 우리를 갈라놓았지만, 영원할 수는 없지요.
잠시 헤어져 있는 것 조바심하지 마셔요,
사랑하는 당신을 위해
해 질 녘마다 바람과 바다와 땅에게 인사를 드린답니다, 알아주세요.

항해 중인 선실에서

월트 휘트먼

바람소리 일면서, 파도가, 산더미 같은 당당한 파도가
즐거운 소리를 내면서,
가없는 푸른 해원(海原)이 사방에 퍼지는 항해 중인 선실에서,
아니 그보다는 농감(濃紺) 빛 바다 위에 홀로 외로이 떠서,
넘치는 자신감, 환희로 가득하여 흰 돛을 활짝 펼치고,
낮에는 반짝이는 파도가 물보라 치는 바다 위를,
밤에는 하늘에 떠 있는 무수한 별빛을 받으면서,
창공을 헤치며 질주하는 일엽 편주 돛배에서,
젊거나 늙거나 모든 선원들과 마침내 한데 어울리게 되니,
육지를 그리워하는 한낱 존재라고 나를 보아 주겠지.

모든 바다, 모든 배를 위한 노래

월트 휘트먼

드높이 휘날려라, 오, 바다여, 온갖 민족들 그들의 깃발을!
거침없이 휘날려라, 갖가지 신호기를 언제나 변치 않고 선명하게!
그러나, 그대 자신과 인간의 영혼을 위하여 특히 깃발 하나를 남겨 두어라,
다른 어떤 깃발보다도 더욱 소중하게, 모든 민족을 위하여 짜여진 정신의 신호기,
죽음을 초월한 양양한 인간의 깃발, 모든 용감한 선장들, 대담한 항해사와 뱃사람의 상징, 그리고 책임을 다하다 쓰러져 간 모든 사람들의 상징,
젊든 늙든 대담한 선장 모두가 가닥이 되어 짜여진 그들을 그립게 하는 깃발을,
절묘하게 아름답게 바람에 나부끼는 보편적인 장기(長旗)를,
용감한 모든 뱃사람, 모든 바다, 모든 배들 위에 휘날려라.

오! 선장이여! 나의 선장이여!

월트 휘트먼

에이브러햄 링컨
Abraham Lincoln

오! 선장이여! 나의 선장이여!
무서운 항해는 끝났습니다.
온갖 고난을 배는 견디어 냈고,
원하던 포획물도 쟁취했습니다.
항구는 다가오고, 종소리 들리며,
사람들은 환희에 차 있습니다.
사람들은 끄떡없는 배를 바라봅니다,
엄숙하고 용감한 그 배를 ;
　그러나 오! 심장이여! 심장이여! 심장이여!
　오! 뚝뚝 떨어지는 붉은 핏방울이여,
　싸늘하게 쓰러져 죽어 있는
　우리 선장 누워 계신 갑판 위로,

오! 선장이여! 나의 선장이여!
일어나 저 종소리 들으소서 ;
일어나소서—당신을 위하여 깃발은 나부끼고—
당신을 위하여 나팔 소리 울립니다,
당신을 위하여 꽃다발과 리본을 맨 화관이 있습니다—

당신을 위하여 해안에는 인파가 넘칩니다.
당신을 위하여 그들은 소리치고, 부르며,
들썩거리는 군중들은, 열렬한 얼굴들을 보입니다 ;
　보세요 선장님, 사랑하는 아버지시여!
　이 팔 위에 머리를 얹으소서!
　갑판 위에 싸늘하게 쓰러져 죽어 계시다니,
　꿈이길 바랄 뿐이라오.

우리 선장님은 대답이 없네,
두 입술은 핏기 잃고 말도 없네,
나의 아버지는 내 팔을 벤 것도 못 느끼시고,
맥박도 뛰지 않고 의지도 없네,
배는 무사히 닻을 내리고,
항해도 모두 마쳤습니다,
무서운 항해에서 승리한 배는
쟁취한 물건 싣고 들어옵니다 ;
　오! 춤추며 기뻐하라,
　해안에 모인 사람들이여,
　울려라, 오, 종소리여!
　하지만 나는 무거운 발걸음으로,
　선장님 누워 계신 갑판 위를 걸어가오,
　싸늘하게 쓰러져 누워 계신 갑판 위로.

Young Whitman

New York Port

조지 고든 바이런
George Gordon, Lord Byron

George Gordon, Lord Byron

우리들 청춘의 친구, 대양의 노래

Our Friend of Youth, The Ocean

아테네의 처녀여,
우리 서로 헤어지기 전에

Maid of Athens, Ere We Part

우리들 청춘의 친구, 대양의 노래

조지 고든 바이런

1.

인적 없는 숲속에 기쁨이 가득하고,
호젓한 바닷가엔 환희가 있다,
깊은 바다, 아무도 찾지 않는 곳에 삶이 또한 있고,
파도의 포효 속엔 음악이 있다 :
나는 인간을 덜 사랑함이 아니오,
자연을 더욱 사랑하기에, 자연과의 사귐 속에,
미래와 과거의 자신을 나도 몰래 버리고서,
이제 대자연의 품에 안겨,
내 말을 하지 못하고 —
아니 더욱 감추지 못하는 것을 느껴 보리라.

2.

굴러라 바다여, 깊고 검푸른 그대 바다여 — 굴러라!
수많은 함선(艦船)이 그대 위를 휘몰고 달려가도
자취조차 없나니 ;
인간은 이 땅 위에 폐허를 남기나 —
바닷가에 미치고 말도다 ; —
대해원(大海原)에 떠도는 난파선은 그대 손에 달렸으나,

인간은 파괴의 그림자조차 남기질 않고,
오직 자신의 앙상한 몰골만이 그대 위에 떠돌 뿐,
한 순간 빗방울처럼
거품 속에 신음하며 인간의 몰골은 그대 깊은 심연에 가라앉나니 —
무덤도 — 조종도, 관도 없이, 아무도 아는 이 없어라.

3.

인간의 발자취는 그대 바닷길에 남지 않도다 —
그대 광망한 대해원은 인간이 약탈할 수 없는 것 —
그대는 분연히 일어나 인간을 휘저어 털어 버리고,
대지를 파괴하려고 휘둘렀던 인간의 미천한 힘을 멸시하도다.
그대 가슴에서 인간을 저 높은 하늘로 걷어차 올려,
그대가 노니는 물결에 싸여, 전율하고 울부짖는 인간을
신에게 보내도다.
그리고 어쩌면 가까운 곳에 어떤 항구가
있으리라는 가냘픈 희망을 안고 있는 때에,
그대는 다시금 그를 육지로 내던지나니: —
그곳에 인간을 눕게 하도다.

4.

바위를 깎아 세운 성벽을 벼락치듯 공격하는 군함의 포성에,
국가들은 전율하고, 제왕들은 도성(都城)에서 부들부들 떠는데,
참나무 거함(巨艦)들은, 거대한 늑재(肋材)를 만든 인간에게
바다의 지배자, 전쟁의 심판자라는 어리석은 칭호를 부여하건만—
대포도 거함도 그대의 노리개에 불과한 것,
마치 눈송이처럼, 파도의 거품 속에 녹아 버리고 사라지나니,
무적함대의 자만도 트라팔가 해전의 전리품도 모두 파괴하는도다.

5.

그대 대양의 해안에 제국(帝國)들이 있었다.
오직 그대만이 남았을 뿐 모두 멸망했도다—
앗시리아, 그리스, 로마, 카르타고, 그들은 다 무엇인가?
그 제국들이 자유로웠을 때에 그들에게 권력을 밀어다 주었고,
그리하여 수많은 전제군주들을 낳았다 ;
그들 국가의 해안은 이방인, 노예, 혹은 야만민족들에게 굴복했었다;
그 제국들이 쇠퇴하여 메마른 사막으로 변했으나—
그대는 그렇지 않았도다.

그대의 사나운 파도가 유동할 뿐 변함이 없도다.
그대의 푸른 이마 위에 시간은 주름살을 긋지 못하고 —
그대의 모습은 창세(創世) 여명(黎明)의 모습,
그대로 지금도 굽이치며 구르고 있나니.

6.

오, 그대의 찬란히 빛나는 장엄한 거울이여,
그대 거울에 전능하신 신의 모습이 폭풍우로 비치고 ;
항시, 평온한 날이나 파도가 몸부림칠 때나,
산들바람, 질풍, 폭풍 속에서도 —
극(極)의 바다를 결빙(結氷)시키고, 염열(炎熱)의
나라에서 검푸르게 굽이치면서 —
무한하고, 끝이 없고, 장엄하게 — 영원의 상(像) —
보이지 않는 이의 권좌가 그대 거울 위에 비치도다 ;
그대의 바닥 진흙에서도 바다의 괴물이 나오고 —
모든 지대(地帶)는 그대에게 복종하도다 —
그대는, 전진할 따름, 무섭게, 깊이는 알 수 없게,
그대 홀로 아랑곳없이,

7.

그대 바다여,
나는 그대를 좋아했노라!
젊은 날의 노닐던 기쁨은 그대 가슴에 안겨,
그대의 물거품처럼 떠내려 흘러가는 일이었어라 :
어릴 적부터 그대의 부서지는 파도 속에 휘말려
장난치며 뛰놀았나니—
파도는 나에겐 바로 기쁨이었어라 ;
그러기에, 상쾌한 바다에서 무섭게 파도가 일어도—
그것은 바로 환희의 공포였나니,
나는 진정 대양의 아들이었기에,
그대 굽이치는 큰 물결따라 이몸 맡기고 멀리 가까이 노닐었었고,
그대 파정(波頂)에 나부끼는 흰 거품 갈기를 쓰다듬었으니—
내 지금도 그리하노라.

아테네의 처녀여, 우리 서로 헤어지기 전에

조지 고든 바이런

아테네의 처녀여, 우리 서로 헤어지기 전에
돌려 다오, 아, 어서 돌려 다오, 나의 마음을!
아니오면, 이 가슴 이미 떠난 마음이니,
내 마음 간직하고 나머지 몸마저 가져가 다오!
나 떠나기 전에 맹세를 들어 다오,
"나의 생명, 그대를 사랑하오."

에게 해의 바람결에 머리카락 흩날리는
풀어진 그대의 머리채,
까만 속눈썹이 보드라운 장미빛 두 볼에 스치는 눈까풀,
사슴처럼 티 없이 맑은 그대 두 눈에 걸고 맹세하나니,
"나의 생명, 그대를 사랑하오."

내 간절히 바라옵는 그대 입술,
띠를 졸라맨 날씬한 그대 허리,
말로써 말할 수 없는 것을 말해 주는 꽃말들,
사랑이 엇갈리는 기쁨과 슬픔에 걸고 맹세하나니,
"나의 생명, 그대를 사랑하오."

아테네의 처녀여! 나는 떠나오,
내 사랑이여, 홀로 남더라도 날 잊지마오!
이 몸은 이스탄블로 떠날지라도,
내 마음 내 넋은 아테네에 두고 가오니,
어이 그대 사랑하기를 그칠거나, 아니, 안될 말이지!
"나의 생명, 그대를 사랑하오."

헨리 워즈워스 롱펠로우

Henry Wadsworth Longfellow

Henry Wadsworth Longfellow

The Poetical Works of Longfellow

바다의 비밀
The Secret of the Sea

조수는 밀려 왔다, 밀려나고
The Tide Rises, The Tide Falls

바다의 소리
The Sound of the Sea

어느 여름 해변에서
A Summer Day by the Sea

잃어버린 청춘 시절
My Lost Youth

조수
The Tides

항해하라
Sail forth!

바다의 비밀

헨리 워즈워스 롱펠로우

바다를 바라보면
떠오르는 즐거운 모습들이여!
낭만적인 옛이야기와 모든 꿈이,
또다시 떠오른다.

비단 돛폭과 백단향(白檀香) 밧줄은
옛날이야기에서처럼 반짝이는데 ;
뱃사공의 노래 소리도,
해변의 사람 소리도 변함이 없구나.

그중에서도, 스페인 사람들의 노래는
자주 떠오르고,
아르날도스 백작에 대한
선원들의 알 수 없는 노래 소리는,
오래도록 마음에서 떠나질 않는다.

은빛처럼 빛나는 모래사장에
밀려오는 긴 파도처럼,

부드럽고 단조로운 곡조로
파도는 이야기를 들려준다 ; —

아르날도스 백작은
한 손에 매를 얹고 사냥을 갔다,
웅장하고 화려한 갤리 선이
육지에 다가오는 것을 보았다 ; —

배에서는 노선원(老船員)이 노래를 부르고 있었다,
너무도 열광적이고 맑은 목소리이기에,
바다를 건너던 갈매기도
돛대에 앉아 쉬며 노래 듣는다.

마침내 백작은 부러워서
힘차게 부르짖었다 —
"노선원이여, 제발 그토록 아름다운
노래를 가르쳐 다오!"

"바다의 비밀을 알고 싶다고요?"
노선원은 대답했다.
"위험한 바다와 맞서는 사람만이
바다의 신비를 알게 된다오!"

육지로 부는 솔솔바람 타고,
수평선 위로 스치고 가는 돛단배에서,
웅장하고 화려한 갤리 선을 바라보며,
저 애처로운 가락 소리를 듣는다 ;

드디어 나의 마음은
바다의 비밀을 갈망한다,
위대한 대양의 심장은 나에게
피 끓는 맥박을 보낸다.

조수는 밀려 왔다, 밀려나고

헨리 워즈워스 롱펠로우

조수는 밀려 왔다 밀려나고,
황혼은 깃드는데 물새는 울고 있다.
축축한 해변 따라 나그네는 마을로
발걸음을 재촉한다.
　조수는 밀려 왔다, 밀려나는데.

어둠이 내린다, 지붕에도 담벽에도.
어둠 속에서 바다는 부르고 있다.
파도는 부드러운 하이얀 손길로
모래밭 발자국을 지워 버린다.
　조수는 밀려 왔다, 밀려나는데.

먼동이 튼다.
마구간의 말들은 마부 소리 따라서
발을 구르며 울어 댄다.
날은 다시 밝건만,
해변에서 한 번 떠나 버린 나그네는
영영 돌아오지 않는다,
　조수는 밀려 왔다, 밀려나는데.

바다의 소리

헨리 워즈워스 롱펠로우

바다는 한밤중 정적을 깨고,
조약돌 해변에 몰려온다,
나는 잠을 깨고 거침없이 밀려드는
썰물 소리를 듣는다;
심연의 정적을 뚫고 나오는 소리,
산허리에 떨어지는 폭포 소리처럼,
울창한 절벽을 스치는 성난 바람 소리처럼,
신비하게 바뀌는 소리를.

때로는 우리 인생에도,
미지의 세계에서
고독의 파도가 밀려 온다.
영혼의 조수가 밀려 온다;
우리에게 떠오르는 영감,
인간의 힘으로 알 수 없는
예지의 하느님의 뜻이.

어느 여름 해변에서

헨리 워즈워스 롱펠로우

해는 지고 마지막 타는 햇살이,
잿빛 어린 황금색 작은 구름 사이로,
호박빛 서린 대기 위에 서서히 퍼지면서,
예언자의 드리우는 옷자락처럼 찬란하구나.

대양의 가로등 등댓불은
희미한 해변에서 반짝인다 ;
고개를 들어 바라보라,
밤의 장막이 드리우나니 ;
하루가 지나가고 꿈나라로 가누나.

여름날의 해변이여!
아, 신기하고 하이얀 여름날이여,
기쁨도 고통도 가득 찬 여름날이여!
그대 영원히 영원히
죽음의 기쁨의 묘석(墓石)이 되고,
신세계의 이정표 되어 다오.

잃어버린 청춘 시절

헨리 워즈워스 롱펠로우

가끔 나는
바닷가 아름다운 내 고향을 생각한다;
눈 감으면 지금도
그리운 옛 고향 거리를 헤맨다,
그러면 나는 젊음을 다시 찾고,
라플란드 노래가 아직도 기억에서 살아난다:
　"소년의 소망은 바람 같은 것,
　청춘의 생각은 오래오래 간직한다."

그 마을 나무들의 희미한 선들이 나는 보인다,
한순간, 멀리 에워싼 바다의 광채가 보이고,
어린 시절 꿈의 낙원인 섬들이 보인다.
그리고 그 옛 노래의 후렴을 나지막이 속삭인다:
　"소년의 소망은 바람 같은 것,
　청춘의 생각은 오래오래 간직한다."

선창과 부두는 눈 앞에 선하고,
바닷물은 거침 없이 넘실댄다;

입가의 수염 덥수룩한 스페인 선원들,
아름답고 신비로운 배들의 모습,
그리고 바다의 마력—나는 기억한다.
아무렇게나 부르는 노래 소리 여전히 들린다:
"소년의 소망은 바람 같은 것,
청춘의 생각은 오래오래 간직한다."

해안의 방파제, 언덕 위의 요새가 생각난다;
해돋이 때 울리는 대포 소리,
자꾸만 울리는 북소리, 미친 듯이 불어 대는 그 쩡쩡한
나팔 소리가 들린다.
옛 노랫가락은 아직도 기억 속에 울렁댄다:
"소년의 소망은 바람 같은 것,
청춘의 생각은 오래오래 간직한다."

파도 너머 저 멀리,
천둥 소리 내며 벌어졌던 해전(海戰)!
고요한 만을 내려다보며,

묘지에 누워 있는 전사한 선장들을 생각한다.
그 슬픈 노래 소리 내 맘속에 사무친다 :
"소년의 소망은 바람 같은 것,
청춘의 생각은 오래오래 간직한다."

조수

헨리 워즈워스 롱펠로우

나는 보았다,
멀리 뻗친 적막한 해변을.
마치 썰물이 멈춘 듯이,
해초도, 모래 위의 조가비도
검게 솟은 바위도,
숨을 죽이고 있다.

그러다가 갑자기
나는 들었다,
또렷하게 바다가 숨 쉬는 소리를,
바다가 가슴을 활짝 펴는 소리를.
그리고 포효하는 물결은
거침없이 몰려왔다.

생각도, 느낌도, 욕망도,
사랑도, 웃음도, 노래의 즐거움도,
이제 영원히 내게서 사라졌거늘!

갑자기 다시 한 번, 파도는
저 깊은 해연(海淵)에서 몰려온다.
청춘처럼 강하고 아름답게,
나를 다시 환희에 젖게 하는구나.

항해하라!

헨리 워즈워스 롱펠로우

항해하라, 생명의 바다로,
오, 상냥하고, 사랑스럽고, 믿음직한 아내여,
그대가 바다 한복판을 왕래할 때
모든 역경에서 안전하기를!
우아함과 사랑과 믿음으로
성난 파도와 질풍을 극복하라 ;
그리고 소멸하는 고귀한 생명들에
무엇인가 불멸(不滅)의 것이 아직 살아 남아 있는데!

Lateen rig
Boier
Longship
Sixteenth century rig with spritsail
Gaff ketch
Gaff cutter with topsail
Gaff schooner
Bermuda sloop
Barque
Barquentine
Brig

범선의 종류

윌리엄 셰익스피어
William Shakespeare

William Shakespeare

템페스트(Tempest, 태풍)
셰익스피어의 The Last Play

바다의 만가(輓歌)
A Sea Dirge

「리처드 III세」 중에서
from Richard III

바다의 만가(輓歌)

윌리엄 셰익스피어

에어리얼 노래한다:

다섯 길 바다 깊이 그대 아버지 누워 계시나니;
귀하신 몸 산호되고;
두 눈은 진주(眞珠)로 변하셨네:
그의 육체 썩지 않고
바다로 인한 변화를 받아
귀하신 딴 세상 분 되셨네.
바다의 요정들 쉬지 않고
조종(弔鐘)을 울리나니:
　　　　　딩동.

(*템페스트 1막 2장에서*)

「리처드 Ⅲ世」 중에서

윌리엄 셰익스피어

선창(船艙)위를 걷다가,
그로스터가 아마 헛발을 디뎠던 모양,
그를 붙들려다가 넘어져서, 부딪히는 바람에,
나도 그만 바다로 텀벙 빠져서,
대양(大洋)의 굴러오는 물결 속에 휩쓸리고 말았다.
아! 물에 빠져 얼마나 호되게 혼줄이 났는지!
귓전을 울리는 포효하는 성난 파도 소리!
눈앞에는 몸서리치는 주검의 광경이 아른거린다!
앙상한 난파선의 수많은 잔해,
고기 떼에게 뜯겨 먹힌 인간의 수많은 시체들,
산더미처럼 쌓인 황금 덩어리, 거대한 닻, 진주,
헤아릴 수 없을 만큼 많은 보석, 보잘 것 없는 장신구들,
이런 것들 모두가 바다 밑에 흩어져 널려 있다.
사람의 해골 속에 박혀있는 것도 있고,
살았을 때 두 눈이 박혀있던 우묵한 그 자리에,
그 눈을 조롱하기라도 하는 듯이,
두 개의 보옥이 살며시 들어 앉아, 반짝이고 있지 않은가.
미끈거리는 진흙투성이 바닥과 함께 어우러져
흐터져 있는 뼈들을 조롱이라도 하는 듯이 말일세.

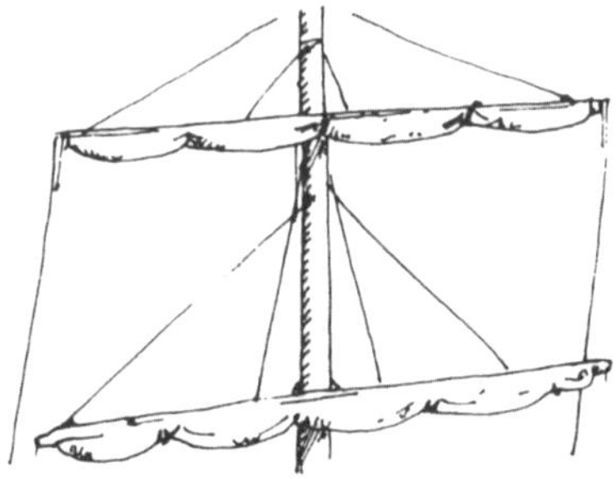

Furled Sails

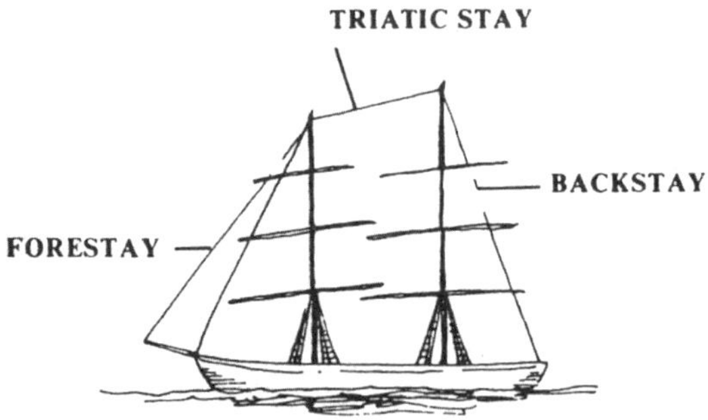

Triatic Stay

앨프릿 테니슨
Alfred, Lord Tennyson

Alfred, Lord Tennyson

시 Sweet and Low(p. 94)의
시상(詩想)

불어라 솔솔바람

앨프릿 테니슨

불어라 솔솔, 불어라 솔솔,
솔솔바람 갈바람아,
새근새근 숨쉬듯
불려무나 갈바람아!
넘실 파도 넘고 넘어,
지는 달에서 불어오렴,
아빠를 나에게
다시 불어 보내 주렴 ;
우리 아기 귀염둥이
새근새근 잠들 동안.

잘 자거라 자장자장,
잘 자거라 자장자장,
아빠는 이제 오신단다 ;
잘 자거라 엄마 품에,
아빠는 이제 오신단다 ;
보금자리 아가에게
아빠는 돌아오신단다,
은빛 달빛 받으면서
은 돛을 활짝 펴고
서쪽바람 받으면서 ;
잘 자거라 우리 아가,
잘 자거라 귀염둥아,

부서져라, 파도여!

앨프릿 테니슨

부서져라, 깨어져라, 산산이 조각나라,
그대 차가운 잿빛 바윗돌에, 오, 파도여!
솟구치고 복받치는 내 심정을
시원스레 뿜어내고 싶구나.

즐겁기도 하겠네 어부의 아들은,
누이와 소리치며 뛰노나니!
신나기도 하겠네 사공 아이는,
포구(浦口)에 배 띄워 노래부르니!

언덕 밑 포구로 위풍도 당당하게
배는 잇따라 들어오는데,
그리워라 스쳐 간 따스한 그대 손길,
아직도 들려 오는 아련한 그대 목소리여!

부서져라, 깨어져라, 산산이 조각나라,
그대 절벽 바위 아래로, 오, 파도여!
이제는 가 버린 그날의 애틋한 정다움
내게는 또다시 안기지 않으리라.

사주(砂洲)를 건너면서

앨프릿 테니슨

해는 지고 저녁 별 반짝이는데,
날 부르는 맑은 목소리 하나 들리나니!
내 바다로 떠나가는데,
모래톱에 한숨짓는 소리 없소서,

가없는 해원(海原)에서 밀려든 조수가
다시금 제 고향에 돌아가렬 제,
너무도 가득하여 소리도 물거품도 없나니,
굽이치는 밀물도 잠자는 듯한데.

황혼이 깃들고 만종이 울리면,
그 뒤에 오는 것은 어둠뿐인데!
내 갈 길 찾아 배 띄울 제,
이별의 서러움 보이지 마옵소서 ;

이 세상 시공(時空)의 한계 너머로
조수에 이 몸 실어 먼 길 떠나도,
모래톱을 건너고서 바라옵는 건
그리는 주님 만나 마주 볼 기쁨이어라.

이녹 아든

앨프릿 테니슨

산은 봉우리까지 숲이 우거지고, 잔디와
꼬불꼬불한 빈터는 마치 하늘에 닿는 길처럼 솟아 있다.
가느다란 야자 잎은 깃털처럼 늘어지고,
곤충과 새들이 번개처럼 번쩍이며 뛰고 날으며,
당당히 서 있는 나무줄기를 메꽃은 아름답게 칭칭
　감아 땅 끝까지 뻗어 있고,
이 세계의 광대한 열대의 모든 빛나는 것,
화려한 것을 보았다 ;
그러나 그가 보고 싶었던 정다운 사람의 얼굴은 보지 못하고,
　정다운 목소리도 듣지 못했다.
원을 긋고 날으는 무수한 해조(海鳥)의 우짖음과,
3마일도 넘게 멀리 굽이쳐 오는 파도가
암초에 우뢰처럼 부서지는 소리,
머리 위에 가지가 뻗어 꽃을 피운 거목이
바람에 흔들리어 속삭이는 소리와,
혹은 낭떠러지에서 바다에 떨어지는 시냇물 소리뿐이었다.
난파선의 뱃사람은 돛단배만 기다리면서, 온종일
골짜기에 앉아 바다를 바라보며,

들리는 것은 이런 소리뿐이었다.
날이 새나 해가 지나 돛 그림자는 보이지 않고,
날마다 태양은 야자수와 고사리 풀과 절벽 사이로
솟아 진홍빛 햇살을 비추고 ;
동쪽 바다 파도 위에 타오르다가,
서쪽 바다 파도 위에 타오르다가,
마침내 하늘에는 큰 별이 둥글게 비추는데,
대양은 한층 공허하게 울려 오고,
그리고 다시 태양은 솟아 진홍빛 햇살을 비추지만—
돛은 끝내 보이지 않는다.

—「이녹 아든」 중에서

율리시즈

앨프릿 테니슨

가자, 친구들아,
새 천지 찾는 일은 아직도 늦지 않으리.
배를 밀어라, 줄지어 앉아서
포효하는 파도 사이 헤치며 저어 가자 ;
나의 소원은 해지는 저 너머로,
서녘 별들이 지는 저 바다 저 너머로,
이 목숨 다하도록 배 저어 가는 일.
심연(深淵)이 우리를 삼킬지라도,
「행복의 섬」에 닿아 우리의 옛 벗 위대한
아킬레스 만날지라도.
잃은 것도 많고, 남은 것도 많도다 ;
그 옛날 천지를 뒤흔든 역사(力士)는 아닐지라도,
오늘의 우리는 우리일지니, 우리일지니, —
세월과 운명으로 약해졌어도,
영웅의 가슴에 어울리는 기백은,
노력하고, 추구하고, 찾아내며
그리고 굴하지 않는 강한 의지로다.

—「율리시즈」 중에서

메듀 아널드
Matthew Arnold

Matthew Arnold

도버 해변

Dover Beach

Albion(=England)의 유래를 담은 도버 해협의 가파른 백악질의 절벽

도버 해변

메듀 아널드

오늘 밤 바다는 고요한데,
조수는 넘치고, 교교한 달빛은
도버 해협을 비추고 있소;
프랑스 해변 등댓불은 깜박이는데;
영국 해안에 우뚝 솟은 절벽은,
조용한 만 위에 어렴풋이 보이오.
그대여 창가에 오오, 밤바람이 훈훈하구려!
들어 보오!
다만, 바다와 달빛어린 뭍이 마주 닿는 곳,
저기 물거품 이는 긴 해안에서 들려오는 저 소리를,
파도에 밀려났다 되돌아올 때에,
높은 파도에 실려 바닷가에 내던져진
조약돌이 맞부딪치는 요란한 소리가 들리지 않소.
그 느린 음률의 진동이,
들렸다, 멈추었다, 다시 들릴 때에는,
영원한 슬픈 가락을 자아내고 있구려.

소포클레스는 일찍이
에게 해에서 이 소리를 듣고서,
인간 불행의 혼탁한 성쇠를 회상했다는데;
우리 또한 이곳 머나먼 북녘 해변에서
그 소리 들으며, 생각에 잠겨 본다오.

신앙의 바다는
한때 충만했고,
지구 해안을 밀려나는 파도처럼
찬란한 띠 모양 겹겹이 에워쌌었소.
그러나 이제
그의 우울하고 길게 밀려나는 바다의 포효 소리,
밤바람의 숨결따라, 이 세상의 황량한
변두리와 헐벗은 자갈 해변 아래로 물러가는 소리만이 들릴 뿐이오.

아! 사랑하는 님이시여,
이제 서로서로 진실합시다!
우리 앞에 다채롭고, 아름답고, 새롭게

펼쳐 있는 꿈나라 같은 이 세상은,
실은 기쁨도, 사랑도, 빛도, 확실성도, 평화도,
고통을 덜어 주는 도움도 없는 곳;
그리고 이 암흑의 싸움터엔,
무지한 군대가 밤이면 출동하고 있는,
투쟁과 패주의 혼란한 공포가
휩쓸고 있을 뿐이오.

위스턴 휴 오든
Wystan Hugh Auden

Wystan Hugh Auden

보라, 나그네여!

Look, Stranger!

보라, 나그네여!

위스턴 휴 오든

보라, 나그네여,
그대를 즐겁게 하기 위해서
춤추는 불빛이 비추는 이 섬을,
이곳에 굳건히 서서
조용히 하라,
귀처럼 생긴 해협으로
포효하는 바닷물 소리가
강물처럼 흐르도록.

백악(白堊)의 암벽이 바다에 기울고,
높다란 암붕(岩棚)이
썰물과 밀물의 울림을 막고,
조약돌이 밀려오는 파도를 뒤쫓아 가고,
갈매기가 깎아지른 측벽(側壁)에
잠시 멈추어 쉴 때,
작은 밭 끝 자락에 멈추어라.

저 멀리 떠 있는 씨앗처럼

배 몇 척이 각자 서둘러 급한 일을 마치려고 사방으로 흩어진다 ;
그리고 전경(全景)이 눈에 들어와 과거를 회상케 한다,
거울 같은 항구를 지나
바다에서 여름 내내 어정거리는
이 구름이 그리하듯이.

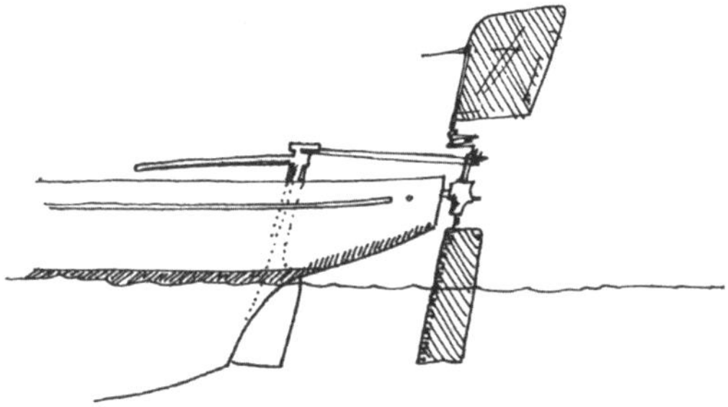

허먼 멜빌
Herman Melville

Herman Melville

멜빌의 소설, '모비 딕' 표지

맬다이브 해의 상어

The Maldive Shark

고래

The Whale

맬다이브 해의 상어

허먼 멜빌

맬다이브 해의 창백한 주정쟁이 둔감한
상어 둘레에는,
날씬하고 말쑥한 푸른빛 방어(魴魚)들이
싹싹하고 기민하게 시중든다.
방어들은 상어의 톱질 구덩이 같은 아가리와
납골당(納骨堂)인 위(胃)를 두려워하지 않고,
그 무시무시한 옆구리나 고르곤처럼 무서운
대가리 앞을 거침없이 지나다닌다,
톱니 모양의 이빨 문(門), 번쩍이는 세 겹의
하얀 문에 숨어서 바깥 위험을 느낄 때
피난처를 얻는다,
운명의 사지(死地)에 피난처를!
그들은 친구로다 ; 방어는 상어를 먹이 있는 곳으로 친절하게
안내한다,
하지만 결코 향연에 한몫 끼는 일은 없다—
흐리멍텅하고 둔감한 노망꾼, 소름이 끼치는 고기
창백한 걸귀에게 눈과 두뇌를 빌려 주고 도울 뿐이다.

고래

허먼 멜빌

고래의 갈빗대와 공포는,
나를 덮었네 무서운 암흑으로,
주(主)의 햇살 받아 파도는 구르는데,
나를 떨어뜨렸네 파멸의 구렁 속에.

나는 보았네 떡 벌린 지옥의 턱을,
그곳에 있네 끝없는 고통과 슬픔이 ;
겪고 있는 그들밖엔 아무도 알 수 없네 —
아, 나는 절망 속에 빠져 있구나.

주를 불렀네, 헤어나지 못한 비탄 속에서,
나의 주라고 믿기 어려운 때에,
주는 나의 소원을 들어주셨네 —
고래 속에서 빠져나와 나는 자유 얻었네.

찬란한 돌고래 등 타고 오듯,
주는 날아오셨네, 나를 구원하사 ;
번갯불처럼 두렵고도 빛나는
나의 인도자 주의 모습이시여.

영원히 노래 부르리라,
그 공포와 환희의 시간을 ;
영광을 하느님께 바치리라,
자비와 힘은 모두 주의 것이니.

—「백경(白鯨)」에서

작살을 든 고래잡이 선원상(船員像).
미국 뉴 베드포드 항에 있는
포경선 박물관에 전시

에드가 앨런 포
Edgar Allan Poe

헬렌에게

To Helen

헬렌에게

에드가 앨런 포

헬렌이여, 그대의 아름다움은 나에겐
먼 옛날 저 니케아의 범선처럼 느껴진다오.
향기로운 바다 위로 그렇게도 살며시,
항해에 지친 피곤한 나그네를
고향 바닷가에 태워다 준 배처럼.

오랜 세월 험한 바다 위를 떠돌던 나는,
그대의 히아신스 머리칼과 고아(高雅)한 얼굴,
어여쁜 물의 요정 같은 자태에서,
그리스의 영광과 로마의 위용을
다시 보게 되었다오.

보라! 저기 찬란한 창가 벽감 속에 그대는
어쩌면 그렇게도 조상(彫像)처럼 서 있소.
손에는 마노 보석 램프를 들고 있구려!
아! 성스러운 나라에서 오신
미의 여신 프시케여!

마노 보석 램프를 들고 있는
미의 여신 프시케와 사랑의 신 에로스

힐다 두리틀
H.D.(Hilda Doolittle)

헬렌
Helen

헬렌

힐다 두리틀

그리스 사람 모두가 미워한다,
흰 얼굴의 조용한 눈,
그녀가 멈춰 서 있는 곳에
올리브 열매처럼 빛나는 광채,
그리고 하얀 두 손을.

그리스 사람 모두가 욕을 한다.
그녀가 웃을 때 창백한 얼굴을,
얼굴이 창백하고 하얗게 되면
미움은 더욱 깊어지고,
지난 날 매혹적인 그녀 때문에 일어난
트로이 전쟁을 기억하면서.

그리스 사람 모두가 냉정하게 살핀다,
사랑으로 태어난 신(神)의 딸,
시원스런 발과 날씬한 무릎의 아름다움을,
그녀가 죽음의 삼(杉)나무 사이에서
백회(白灰)가 되어 묻힌다면,
그리스 사람 모두가 그제야 그녀를 사랑하게 되겠지.

William Wordsworth
윌리엄 워즈워스

William Wordsworth

칼레 해변의 해넘이

Evening on Calais Beach

이 세상은 우리에게 너무 힘겹다

The World is Too Much with Us

칼레 해변의 해넘이

윌리엄 워즈워스

아름답게 해질 무렵, 고요하고 거침없다;
거룩한 시간은 숨죽이고 기도하는
경건한 수녀처럼 평온하다
가득 찬 석양은 말없이 지고 있고,
하늘은 부드럽게 바다를 감싸고 있다:
들으소서, 귀를 기울이소서,
절대자 신이 잠을 자지 않고
끝없이 움직이며 내고 있는 뇌성 같은 소리를—
끝없이 영원히.
여기 함께 거니는 아이야, 그리고 다정한 님아!
그대들이 장엄한 생각에 감동되지 않은 듯이 보일지라도,
그 때문에 그대들의 천성이 덜 거룩한 것은 아니라오:
일 년 중 그대는 아브라함의 품에 안기어,
성전(聖殿)의 거룩한 곳에서 예배드린다,
하느님께서 같이하시면서, 우리는 알지 못할지라도.

이 세상은 우리에게 너무 힘겹다

월리엄 워즈워스

이 세상은 우리에게 너무 힘겹다 ;
언제나, 돈을 벌고 돈을 쓰느라고 정력을 다한다 ;
우리의 것인 자연 속에서 보이는 것은 거의 없다 ;
우리는 마음을 드러냈다, 천한 천품을!
달에게 젖가슴을 드러낸 이 바다 ;
언제나 울부짖으려고 하는 바람,
잠든 꽃망울처럼 지금 움추리고 있는 바람 ;
이것, 그리고 만사에 대해서 조화를 못 이루고 ;
아, 놀랍고나, 그것은 우리를 감동시키지 못하니!
내가 차라리 케케묵은 교리(敎理)를 빨아 먹고
자라난 이교도가 되었더라면;
그러면 나는 즐거운 초원에 서서,
고독을 달래 줄 번쩍이는 빛을 볼지도 모르고 ;
바다에서 솟아오르는 프로티우스를 볼지도 모르고 ;
혹은 화환(花環)으로 장식한 소라 고동을 다정한
트리톤이 부는 소리를 들을지도 모르는 것을.

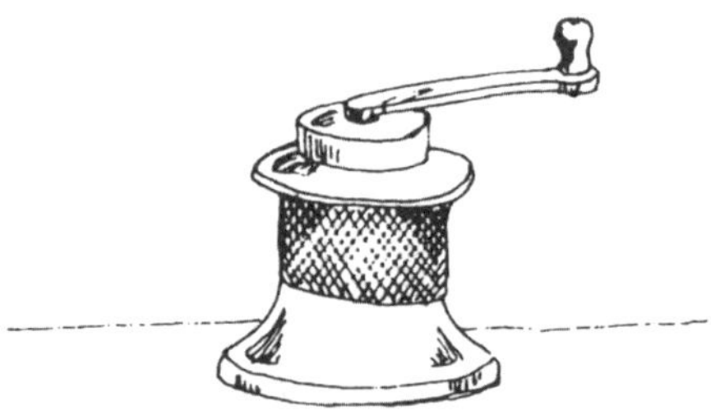

Modern Yacht Winch

하트 크레인
Hart Crane

Hart Crane

항해

Voyages

항해

하트 크레인

II

그러나 이 위대한 영원의 눈짓,
거침없이 바람 부는 쪽으로 밀려나는 가없는 바다,
펼쳐 늘어놓은 비단 폭 위에
요정 같은 거대한 배를 달을 향해 굽히고
우리들 사랑의 황홀한 포옹에 미소 짓는다 ;

이 바다를 보자,
눈 같이 희고 은빛 반짝이는 문장(文章)의 두루마리 위에,
그 협화음은 구슬프게 울리며,
그 법정의 권력을 쥔 공포가
그녀의 태도 여하에 따라,
애인들의 경건한 손 이외에는 모두 찢어 버린다.

그리고 나아가서, 산살바도르 앞 바다에 울리는 종소리
크로커스 같은 별의 광채를 영접할 때,
포인세티아 피어 있는 해류(海流)의 초원에—
아, 무한한 바다여, 섬들의 아다지오는

그녀의 혈관이 말하는 숨긴 고백을 완성한다.

지켜 보아라, 그녀가 두 어깨를 들썩거리면
어떻게 시간이 감기는가를,
서둘러라 그녀의 한푼 없는 풍요한 손바닥이
기울어진 물거품과 물결의 선고문(宣告文)을 넘기고 있는 동안—
서둘러라, 아직 진실한 동안—
잠과 죽음과 욕망— 이들이
부유하는 한 송이 꽃 속에서 한순간 에워싸라.

우리를 시간 속에 묶어라,
아, 또렷한 계절과 그리고 공포여!
카리브 해의 별빛 속에 떠도는 갈레온 선들이여,
우리를 이 땅의 해안에 전하지 말라,
천국을 향한 물개의 동그랗게 뜬 물보라 어린 시선이
우리 무덤의 소용돌이 속에서 해답을 받을 때까지,

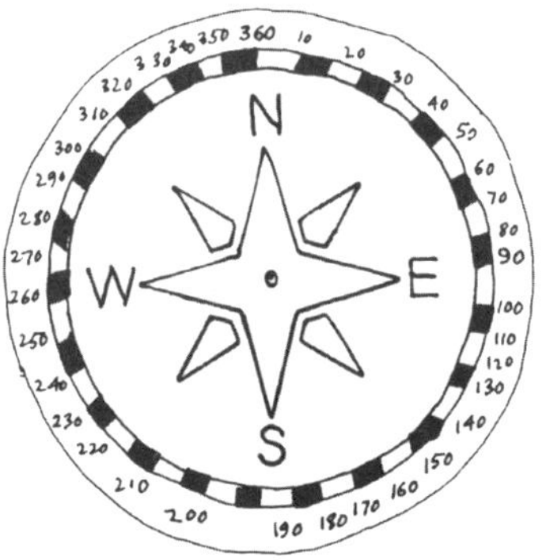
N
W
E
S

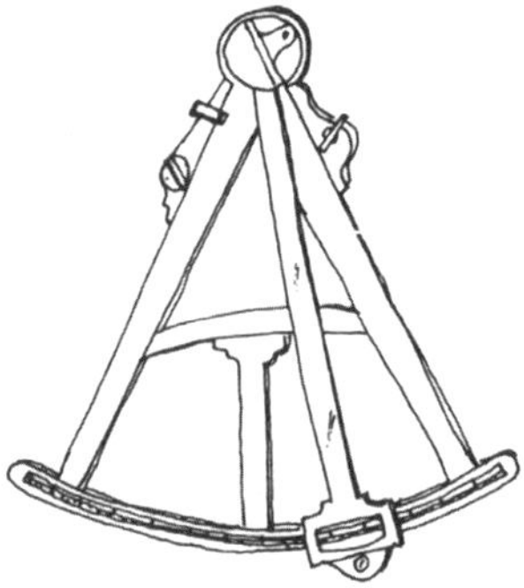

앨저넌 찰스 스윈번
Algernon Charles Swinburne

The Sea

바다

바다

앨저넌 찰스 스윈번

1.

나는 거룩하고 다정한 어머니 품안으로 돌아가리,
인간의 어머니요, 연인인 바다의 품으로.
나 혼자만이, 그녀에게 달려가서,
껴안고, 입맞추며, 함께 서로 어울리고자 ;
그녀에게 매달려, 싸우고, 붙잡고, 놓지 않으리라 ;
오랜 옛날, 형제도, 자매도, 아무도 없이 태어난
오, 아름답고 하이얀 어머니시여,
그대 마음 거침없으니, 내 마음도 풀어 다오.

2.

오, 푸른 띠 두른 아름다운 나의 어머니시여,
해와 비를 몸에 걸친 바다여,
그대의 달콤하고 억센 입맞춤 술처럼 강하고,
그대가 크게 안아 줄 때 아픔처럼 격렬하다.
그대의 온 파도로 내 목숨 구해 주고 숨겨 다오,
수천의 그대 무덤 중에서 나의 무덤 하나 다오,
더럽혀지지 않은, 세상에서 인간이 만들지 않은

그대의 순수하고 싸늘한 많은 그 무덤 중에서.

3.

나 잠들리라, 그리고 움직이는 배와 함께 움직이리,
바람 부는 대로 변하고, 조수따라 방향 바꾸리 ;
나의 입술로 그대 입술의 거품 맛있게 즐기리,
그대 일어날 제 나도 따라 일어나고,
그대와 함께 가라앉으리 ;
잠들 제 그녀가 두 눈과 머리칼에 생명이
넘치는지, 만일 그럴진대 알지 못하리,
찬란한 여름날 향기와 긍지로
장미 꽃잎 끝까지 만발하듯이.

4.

밤낮으로 짠 이 옷,
훌훌 벗어 던지고 풀어 버리면,
벌거벗고 즐거이 그대의 길 속으로 걸어가리라,
그대의 길과 그대를 생생하게 의식하면서 ;

온 세상에서 빠져 나와, 집에 숨어서,
푸른 옷 입고, 거품으로 왕관 삼고 있노라면,
그대의 해협과 만(灣)의 생명의 맥박이,
해류의 심장 속의 혈관에 뛰네.

5.

인간의 생명을 즐기는 아름다운 어머니시여,
인간은 그대가 음흉하고 잔인하다고 하오,
그대는 앗아 갈 뿐, 되돌려 주질 않네 ;
그대는 그대가 죽인 자들로 가득 차고, 그들처럼 차갑도다.
그러나 죽음은 그대가 가져오는 최악의 것 ;
그대는 우리의 죽은 자들로 배를 불린다,
오, 어머니시여, 바다여,
그러나 언제 우리 심장을 먹고 살았나요?
혹은 언제, 우리에게 사랑을 주고, 앗아 간 일이 있나요?

6.

오, 다정한 사람, 오, 다시 없는 연인이시여,

그대 입술은 쓰디쓰나, 가슴은 달콤하오.
고통을 안겨 주는 희망과 방황하는 꿈은,
사라지고 떠나지 않소?
하지만 그대는, 그대는 틀림없이 믿을 수 있지,
땅보다도 더 오랜 그대이니까 ;
그대는 파멸도 잘하고 생산에도 유능하다 ;
그대 심해는 감추고, 그대 만(灣)은 드러난다 ;
태초에도 있었으니, 종말에도 있으리.

<승리의 시간(33-38) 에서>

Ship's Bell

1882 Eddystone Lighthouse
in the English Channel

크리스티너 조지너 로세티
Christina Georgina Rossetti

Christina Georgina Rossetti

해변에서

By the Sea

작은 배는 강물 위를 달리고

Boats Sail on the River

해변에서

크리스티너 조지너 로세티

바다는 어인 일로 슬퍼하나?
하늘이 들이지 않아 탄식하며,
해변에서 요란스레 물결친다 ;
넘쳐흐르는 모든 강물도
저 목타는 바다를 채우지 못한다.

순수하고 불가사의한 아름다움이
구경할 수 없는 바다 밑에 숨겨 있다 :
바닷물에 사는 침착한 말미잘이
꽃처럼 아름답게 물을 뿜는다 ;
오직 숨 쉬고 증식하고 번성하며 살아 있다.

굽었거나 점이 박힌 뾰족하고 진기한 조가비들,
아르고스의 눈알 같은 것들이 단단한 껍질 쓰고 숨 쉬고 있다,
모두 한결같이 아름답되 저마다 다른 것들이
고통 없이 태어나서 고통 없이 죽어 간다, —
그렇게 사라질 뿐이다.

작은 배는 강물 위를 달리고

크리스티너 조지너 로세티

작은 배는 강물 위를 달리고 있습니다,
큰 배는 바다 위를 달리고 있습니다 ;
하지만 하늘에 흐르는 뜬구름은,
배보다 훨씬 더 아름답습니다.

강에는 다리가 놓여 있습니다,
정말 그것은 아름답습니다 ;
하지만 숲 속에 높이 솟아
하늘에 다리 놓은 무지개는,
하늘 땅 건네주는 무지개 다리,
배보다 훨씬 더 아름답습니다.

Christina Georgina Rossetti

영원한 베스트셀러
R.L. 스티븐슨의 아동시집
(p. 222 참조)

로버트 루이스 스티븐슨
Robert Louis Stevenson

Robert Louis Stevenson

만가(輓歌)
　Requiem

배는 어디로 가나?
　Where Go the Boats?

배를 타고 꿈나라로
　My Bed is a Boat

비
　Rain

만가(輓歌)

로버트 루이스 스티븐슨

총총한 별 빛나는 광대한 하늘 밑에,
무덤을 파서 나를 눕게 해 다오.
즐겁게 살다가 기쁘게 죽어,
진지하게 이 몸 눕노라.

당신께서 나를 위해 비문(碑文)에 새겨 둘 한 구절 시는 :
그는 갈망했던 곳 이곳에 누워 있다 ;
그 선원은 고향에 돌아와 있다, 바다에서 고향에,
그리고 사냥꾼은 산에서 집에 돌아와 있다.

배는 어디로 가나

로버트 루이스 스티븐슨

강물은 짙은 갈색,
모래는 금모래 빛,
나무들이 늘어선 강변 따라,
강물은 흐른다 정처도 없이.

파랑잎 떠 있으면
물결 위의 성이 되고,
내 배도 떠 있는데―
내 고향 항구는 어디일까

강물은 흘러 흘러
물방앗간 지나서,
골짜기 돌고 돌아
언덕 멀리 굽이쳐 가네.

강물은 멀리 흘러,
백 리도 더 흘러가네.
아이들이 보면 내 배를
강가에서 주어 올려 주겠지.

배를 타고 꿈나라로

로버트 루이스 스티븐슨

나의 침대는 작은 배,
유모가 거들어 배에 오르지 ;
세일러복으로 갈아 입혀서
띄워 보내지 어둠 속으로.

밤배를 타고
바닷가의 친구와 작별하고 ;
꼭 눈감고 떠나버리면
아무 것도 안 보이고 들리지 않지,

짐을 싣고서 갈 때도 있지,
항해자가 조심스레 실어 나르듯 ;
웨딩케이크 조각일랑,
장난감 두어 개랑 싣고서 가지.

어둠 속을 밤새워 항해하다가 ;
마침내 새벽이 밝아 오면,
방안 부둣가에 아무 일 없다는 듯
빨리도 내 배는 닿아 있었지.

비

로버트 루이스 스티븐슨

비가 옵니다,
먼 곳 가까운 곳,
들에도 나무에도,
받쳐 주는 우산에도,
비가 옵니다.
항해 중인 배에도
비가 옵니다.

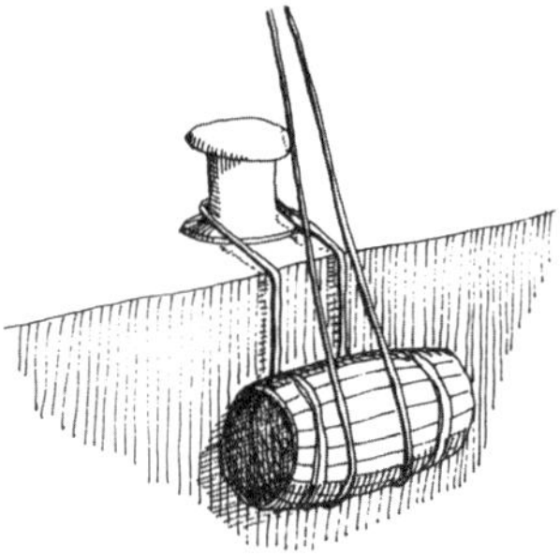

바닷가에서

라빈드라나트 타고르

끝없는 세계 바닷가에 새싹들이 모입니다.
가없는 하늘은 그림처럼 고요하고,
물결은 쉬지 않고 철썩입니다.
끝없는 세계 바닷가에
소리치고 춤추며 새싹들이 모입니다.

모래성을 쌓고, 조개껍질 주으며,
가랑잎 배를 접어 한바다에
손뼉 치며 띄워 보냅니다.
새싹들은 신이 나서 바닷가에서 뛰어놉니다.

헤엄칠 줄도, 고기잡이할 줄도 모른답니다.
어른들은 진주 캐고, 장사치는 배를 타고 항해하지만,
새싹들은 조약돌을 모았다가 던질 뿐입니다.
새싹들은 숨은 보물을 캐지도 않고,
그물을 던져 고기잡이할 줄도 모른답니다.

파도는 밀려왔다 깔깔대며 부서지고,
바닷가엔 흰 파도가 웃음짓습니다.
죽음을 안은 파도도 아가의 요람을 흔들 때의 엄마처럼
뜻 없는 노래를 들려줍니다.
파도는 새싹들과 같이 놀아 주고,
바닷가엔 흰 파도가 웃음짓습니다.

끝없는 바닷가에 새싹들이 모입니다.
폭풍이 문득 일어 하늘을 배회하고,
배는 난파하여 흔적도 없고,
죽음이 배 위에 도사리지만,
새싹들은 아랑곳없이 놀기만 합니다.
끝없는 세계 바닷가는
새싹들의 마냥 즐거운 놀이터입니다.

정기선은 귀부인이다

라드여드 키플링

정기선은 귀부인이다. 한눈팔지도 않고 곁눈질하지도 않는다.
군함은 남편이오, 그녀가 원하는 것은 모두 준다.
하지만 가련한 화물선, 비 내리는 바다 위를 달리고
너와 나처럼 여기저기 우왕좌왕한다.

정기선은 귀부인이다. 얼굴을 말끔히 화장하고
사고라도 나면 이것은 큰 일, 나라 안의 소문이 좋지 않다.
하니까 남편인 군함이 언제나 곁에 붙어 다닌다.
하지만 가련한 화물선, 짐 싣기가 고작 일.
그것이 싫다면 죽을 수밖에.

정기선은 귀부인이다. 항로도 미리 정해져 있다.
남편인 군함이 언제나 호위를 한다.
하지만 가련한 화물선, 아무도 곁에 없다.
일만 해야 한다. 힘껏 일해야 한다.

정기선은 귀부인이다. 전쟁이 일어나면
집에 있으라고 남편인 군함이 지시를 내린다.
하지만 가련한 화물선, 조수를 타고 언제나 출범한다.
그러나 군함이 그들을 위해 싸워 준다,
　하기야 화물선은 영국의 자랑이니까,

정기선은 귀부인이다. 하지만 그녀가 없어도
상관이 없다. 내외무역에 활약하는 화물선이 있으니까,
군함은 정기선의 남편이다.
하지만 우리 화물선이 있으니까 군함도 있다.
화물선이 없다면 군함이라도 나라 위해 동포 위해 싸울 일 없다.

닻노래

라드여드 키플링

헤이! 배를 둘러보아라. 닻 감아라. 닻 감아라!
재빨리 감아올려 기둥 그곳에 매어라.
그물 삼각돛을 펼쳐라, 돛 가름대 돌려 바람 듬뿍 받아라.
이물 돛은 바람부는 쪽으로, 밧줄은 모두 다 끌어올려라.

아, 정말 이제 너와 작별하는구나,
내 사랑이여, 이제 떠나야만 하는구나—
술병을 내려놓고, 아가씨도 무릎에서 내려놓아라.
바람이 속삭인다 :
'지금 나를 데려가렴, 네가 폭풍우 속으로 가려거든
(폭풍우 속에 배를 데려가거라!),
오, 우리는 폭풍우 속으로 가야만 한다,
바다제비 기르는 엄마에게로!'

헤이! 배를 둘러보아라. 아, 거기에서 늦추어라!
우현묘(右舷錨)를 끌어내라, 곧추세워라, 수면에, 닿지 않게.
좌현묘(左舷錨)를 던져라, 항구 바닥 진흙에 닿게 하라,
이 해 마지막 보게 되는 바다 밑이로구나.

아, 정말 떠나는구나, 다시 배를 끌고 나가야 하는구나.
빈 배로 떠나간다, 정박등 불 끄고, 뱃짐도 없이,
큰 밧줄 계주(繫柱)에 동여맬 때 떠나갈 시간이다.
앞 돛 밧줄 풀어 주고, 바다의 희망 안겨 주리라!

디이 해변의 모래밭

찰즈 킹즐리

'매리야, 가서 소를 불러 들이렴,
소를 불러 들이렴,
디이 해변 모래밭을 건너서
소를 불러 들이렴.'
갈바람은 사납고,
거품 이는 바다로 축축한데,
그런데도 소녀는 혼자서 갔다.

서쪽에서 밀려오는 파도는
모래밭에 밀려들었다,
모래 위로 모래 위로,
모래밭을 돌고 돌아,
저 멀리 끝까지.
너울거리며 안개는 자욱이 해안을 내려 덮는데
소녀는 끝내 돌아오지 않았다.

'아! 그것은 정말 해초인가, 물고긴가,
떠 있는 머리칼인가—
금빛 머리채인가,
물에 빠진 소녀의 머리채인가,
그물에 걸려 떠오른 것은?
그렇게도 깨끗하게 빛났던 연어는
디이 바닷가 말뚝 사이에 보이지 않는구나.'

굽이치는 파도를 넘어,
소녀를 배에 싣고 노 저으며,
밀려드는 잔인한 파도를 넘어,
굶주린 잔인한 파도를 넘어,
바닷가 무덤 위로 옮겨 왔다 :
뱃사람들은 지금도 소를 불러들이는
그 소녀의 목소리가 들리는구나,
디이 해변의 모래밭 건너 저편에서.

노예선을 보면서

폴린 스테이너

우리는 예기치 않은 곳에 당도해서 –
갑판 위에서 예배를 드리는 사이에
노예선을 보았다.

초복 한더위에
백단향(白檀香) 숲 사이에 상륙해서
소금, 송골매 그리고 유황을 선적했다.

나중에 우리들이 상기한 것은
햇빛 번쩍이는 적도무풍대(赤道無風帶)에서 치른
신성한 성찬식이 아니었다

무엇인가 더 색다른 것 –
바다가 잠잠해진 동안
화물이 가볍게 이동하는 느낌,
그 느낌이었다.

젊은이여, 바다로!

일본항해훈련소 학훈(學訓)

바다는 미래다.
그 깊이는 미답(未踏)이요,
그 힘은 헤아릴 길 없고,
그 수평선은 끝 간 데 없다.

바다는 역사다.
생명은 여기에서 돋아나고,
문명은 여기에서 자랐다.
역사의 열매 이것이 미래다.

바다는 인생이다.
바다를 헤쳐 나감에 용기와 예리한 관찰력이,
바다 저편 사람 사귐에 절도와 도량이,
항해를 마침에는 단결이, 필요할 터.

젊은이여, 가자 바다로!
그 무한한 가능성과 자원을 찾아서.
그 장대 섬미(壯大纖 美)한 자연에 마음을 심고,
인류 행복의 근원을 캐내리.

부두 위의 달

토머스 어네스트 흄

한밤중
고요한 부두 위에는,
높다란 돛대 끝
엉클어진 밧줄에,
달이 걸리어 있다.
그렇게도 멀리 보였던 것은,
놀다가 잊어버린
어린아이 풍선일 뿐.

안개

칼 샌드버그

안개는 온다,
고양이 발걸음처럼.

말없이 웅크리고 앉아서,
항구와 도시를
바라보다가 다시 일어나,
어디론지 떠나 버린다.

윌리엄 버틀러 예이츠
William Butler Yeats

W. B. Yeats

인어

The Mermaid

인어

윌리엄 버틀러 예이츠

인어가 헤엄치는 소년을 보자,
애인이 생겼구나 재빨리 낚아채어,
그의 몸을 꽉 껴안고,
좋아서 웃었다 ;
그리고 물 속으로 뛰어들었다.
잔인한 행복 속에
애인들끼리 물에 빠져 버린 것도
잊어버린 채.

영국민들이 「바다를 지배하라」고 외치면서, 해양대국임을 자랑하고 노래하며 바다에 도전하는 진취적인 면이 잘 나타나고 있는 다음과 같은 재미있는 구전 민요가 있다.

깊고 푸른 바다 밑에 살고 있는
인어에게 갈 때까지
「지배하라 부리타니아,
부리타니아는 바다를 지배한다」고
노래부른다.

영국인은 절대로 절대로
깊고 푸른 바다 밑에 살고 있는
인어와 결혼하지 않는다.

목포해양대학 해변의 인어상

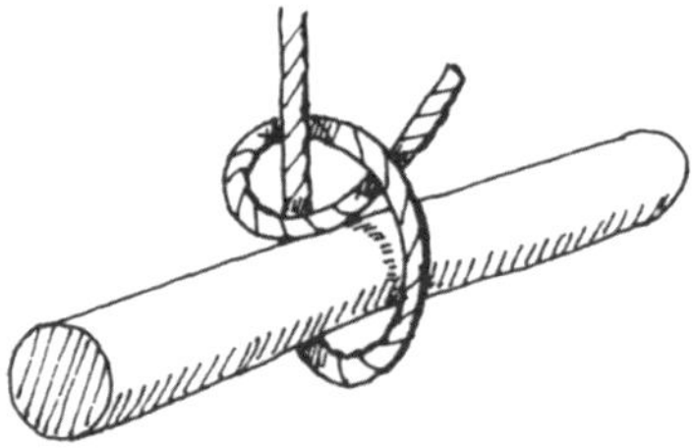

Half Hitch Around a Spar

Slippery Hitch

메리엔 무어
Marianne Moore

무덤

A Grave

무덤

메리엔 무어

자신처럼 바다에 대한 권리를 많이 가진 사람들이 바라보는 바다의 경치를 탐내면서 바다를 들여다보는 사람,

사물의 중심에 서려고 하는 것은 인간의 본성이다, 그러나 그렇게 할 수 없다 ;

바다는 잘 파 놓은 무덤밖에는 줄 것이 아무 것도 없다.

전나무가 일렬로 늘어서 있다, 어느 것이나 잔가지 끝에 에메랄드 빛깔의 칠면조 발이 달려 있다, 그것들의 겉모습으로 유지하면서, 아무 말도 하지 않는다 ; 그러나 억압은 바다의 가장 두드러진 특징이 아니다 ;

바다는 탐욕스런 표정을 짓는 시체의 수집가다.

바다말고도 그런 표정을 짓는 것들이 있다 –

그것들의 표정은 이젠 항변이 아니다 ; 고기는 이젠 그것들을 살피지 않는다. 그것들 시체는 죽어 가니까 :

사람들은 묘를 더럽히고 있다는 것을 의식하지 않은 채 평화로이 고기 그물을 내린다, 죽음같은 것은 없는 것처럼 물거미의 발같이 노를 저으면서 수면에서 재빨리 사라진다.

파도의 물마루는 거품 이는 바다 밑으로 아름답게 방진(方陣)을 이

룬다, 그리고 바다가 해초 사이에서 와삭거리는 사이에 숨을 헐떡거리면서 사라진다 ;

새들은 전속력으로 공중에서 미끄러지듯 움직이고 지금까지처럼 고양이의 울음소리를 낸다 –

대모갑(玳瑁甲)은 낭떠러지 아래에서 움직이며 괴롭힌다 ;

그리고 대양(大洋)은 등대의 맥박과 타종 부표의 소음 아래에서 여느 때처럼 전진한다, 시체들이 가라앉지 않는 대양인듯이 보면서 –

시체는, 대양에서 뒤척이더라도, 의지도 의식도 없는데.

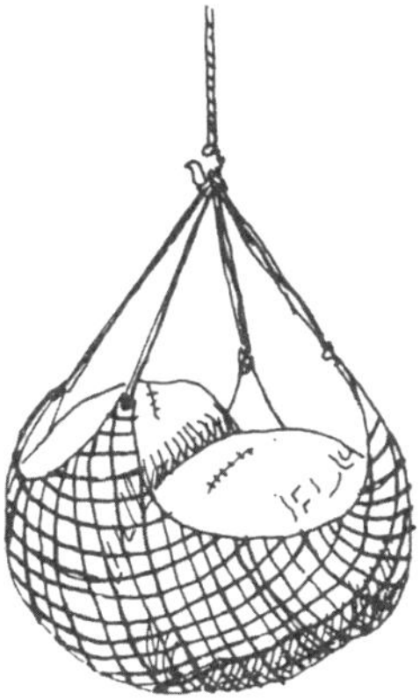

Cargo Net

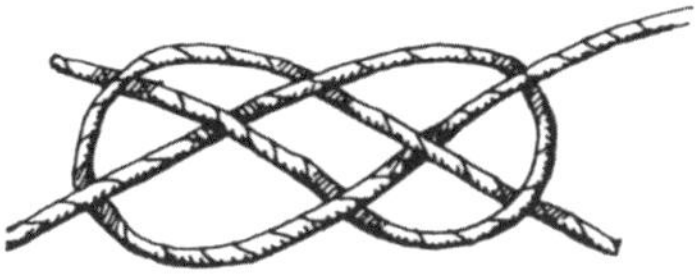

Carrick Bend

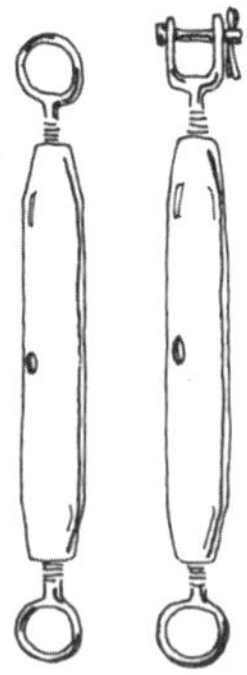

Traditional

구전 민요(口傳民謠)

쉐난도오

Shenandoah

보슨이 최고야

Bosun, He is God

엄중한 경계

To be Windy

석양의 붉은 돛

Red Sails in the Sunset

배는 여성

Why is Ship Called “she”?

해적기 졸리 라저(Jolly Roger)

쉐난도오

구전(口傳)하는 노래

오, 쉐난도오, 그대 목소리 그립구나.
웨이 헤이, 너울거리는 강물이여!
오, 쉐난도오, 그대 곁을 떠나야 하네.
웨이 헤이, 나는 떠나려 하네.
저 넓고 넓은 미주리 강을 건너서.

오, 쉐난도오, 그대 딸을 사랑하오.
웨이 헤이, 너울거리는 강물이여!
그녀는 폭풍 이는 저 강 건너에 살고 있다네.
웨이 헤이, 나는 떠나려 하네,
저 넓고 넓은 미주리 강을 건너서.

오, 쉐난도오, 그대 곁을 떠나야 하네.
웨이 헤이, 너울거리는 강물이여!
오, 쉐난도오, 나는 그대를 속이지 않으리.
웨이 헤이, 나는 떠나려 하네,
저 넓고 넓은 미주리 강을 건너서.

센티맨(Shanty-man)

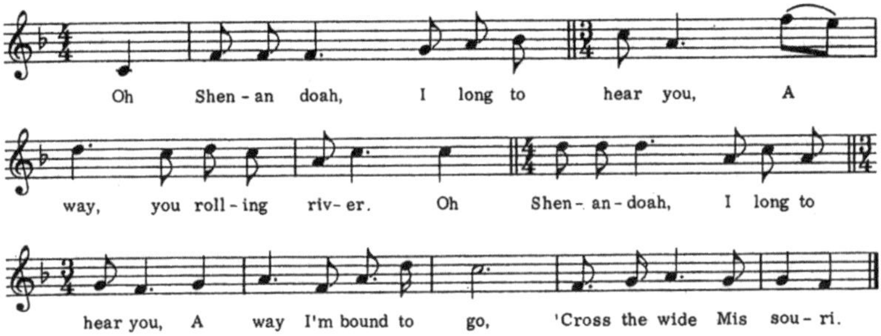

돛을 당기면서 노래를 부르는(hauling song)
엔테바 Ⅱ호의 선원들(영국)

보슨이 최고야

구전(口傳)하는 노래

선장은
단숨에 고층 건물 뛰어넘고,
배의 엔진보다 힘이 더 세고,
구명삭(救命索) 발사총보다 더 빠르고,
바다 위를 걸으며,
하느님께 지모(智謀)를 준다.

수석 일등 항해사는
단숨에 작은 건물 뛰어넘고,
배의 발전기보다 힘이 더 세고,
구명삭 발사총만큼 빠르고,
잔잔하면 바다 위를 걸으며,
하느님께 말을 건다.

차석 일등 항해사는
바람을 등지고 달리면 작은 건물 뛰어넘고,
배의 발전기만큼이나 힘이 세고,
던진 히이빙 라인보다 더 빠르고,

바다 위를 겨우 걸을 뿐,
가끔 하느님께 말을 건다.

항해사는
간신히 작은 건물 비켜 가고,
윈치로 줄다리기에 지쳐 버리며,
히이빙 라인을 (어쩌다) 던질 수 있고,
헤엄을 잘 치며,
하느님 마음에 들기도 한다.

이등 항해사는
작은 건물 뛰어넘으려다 무너지고,
앵커 윈치에 힘이 달려 지는 수도 있고,
다치지 않고 히이빙 라인을 다룰 수 있고,
개헤엄 치며,
혼자 말을 한다.

삼등 항해사는
문 앞 층층대에서 넘어지고,
기차를 보면 칙칙폭폭 좋아하고,
장난감 권총을 갖고 놀고,
진흙 웅덩이에서 뒹굴고,
동물에게 말을 건다.

갑판장은
높직한 건물을 들어 올리고,
그 밑을 걸어간다.(예선(曳船)도 대지 않고)
배를 잔교(棧橋)에서 밀어 떼어 낸다,
발사삭(發射索)을 이로 물어 잡고,
한번 눈을 흘기면 바다는 얼어붙고,
입을 다물고 있다.
갑판장은 하느님이다.

엄중한 경계

구전(口傳)하는 노래

조개구름 덮인 하늘, 가늘게 뻗친 새털구름,
범선은 돛을 줄여라.
양떼구름 하늘에 퍼지면,
계속되는 가뭄에 여름철 뙤약볕.
아침놀은 비 올 징조, 저녁놀은 갤 징조.

석양의 붉은 돛

구전(口傳)하는 노래

해는 지는데
저 너머 파도 위로 붉은 돛
사랑하는 임 싣고
무사히 돌아와요 내 품에
새벽녘 배는 떠나고
온종일 나는 우울했다
해는 지는데 붉은 돛
그대는 틀림없이 내게로
빨리 나는 새 날개로
바닷가에 바로 날아와요
내일 우리는 결혼하고
그대는 두 번 다시 출항하지 말아요

(해는 지는데 붉은 돛 … 후렴)

배는 여성

구전(口傳)하는 노래

배의 주위에서는 언제나 아주 야단법석이다.
배의 주위에는 의례히 남자의 집단이 있다.
웨이스트와 스테이가 있다.
용모를 아름답게 하기 위해서 페인트를 많이 칠해야 한다.
여러분을 파국에 몰아넣는 것은 최초의 지출경비가 아니라 유지비이다.
만신(滿身)을 장식한다.
잘 다루기 위해서는 능숙한 남자가 필요하다.
상반신은 드러내고 하반신은 가리고 있다. 그리고 입항하면 언제나 부표에 돌진한다.

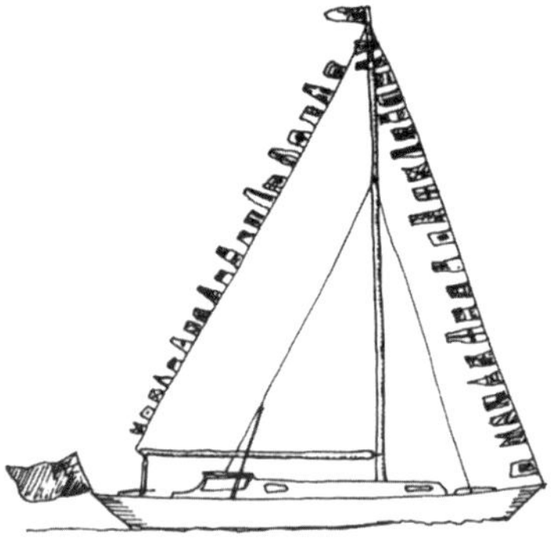

Dressed Yacht with
International Code Flags

Foul Anchor

프로필

John Masefield 존 메이스필드 프로필

선원생활에서 문인(文人)생활로 전환하여 커다란 발자취를 남긴 영국의 작가로 둘을 손꼽을 수 있다. 한 사람은 소설가 조셉 콘래드(Joseph Conrad, 1857~1924), 또 한 사람은 시인이요, 극작가인 존 메이스필드(John Masefield, 1878~1967). 영국의 문학 풍토가 바다와 매우 깊은 관계가 있다는 것을 이 두 사람이 잘 보여 주고 있다.

존 메이스필드는 바다의 시인(*a poet of the sea*)으로 널리 알려지고 있다. 대부분 회상과 추억의 시상(詩想)이 담긴 시를 썼고, 과거에 대한 사랑의 전통주의자(*traditionalist*)로 로망스 정신에 기여했으며, 특히 바다를 많이 읊었다.

1878년에 레드베리(*Ledbury*)에서 변호사의 아들로 태어난 이 시인은 15세에 선원이 되었는데, 영국의 선원을 양성한 유명한 학교선(School Ship), H.M.S.Conway에서 교육을 받았다.

세계의 여러 곳을 편력한 뒤 영국에 돌아와 Manchester Guardian지에서 일을 하고 시집을 처음으로 출판했다. 1911년 「The Everlasting Mercy」를 출판하여 일약 명성을 얻게 된 메이스필드는 시인, 극작가, 소설가, 역사가로 그 지위를 굳혔다. 그는 예이츠(Yeats), 로버트 그레이브스(Robert Graves)와 같은 시인들과 교분이 두터웠고, 1930년에 계관시인(Poet Laureate)이 되었다. 1967년 5월 12일, 28년간 살며 지냈던 애빙돈(Abingdon)에서 작고했다, 향년 88세. 시집으로는 「Salt-Water Ballads, 1902」가 있고, 1978년에 The Marine Society에서 발간한 메이스필드의 시집, 「The Sea Poems」에는 누락된 시도 수록되었다. 「Cargoes」, 「Sea-Fever」가 대표적인 유명한 시인데, 그의 장편시로는 「Dauber환장이」가 유명하다.

<선원 생활 시절의 메이스필드(19세)>

지금까지 많은 유명한 시인들이 바다에 관한 시를 발표했으나 메이스필드야말로 유일한 선원 시인(*Seafaring Poet*)이라고 하겠다. 「Dauber」에서 "지금까지 바다를 알고 있는 사람이 내면에서 바다를 나타내지 못 했다. (*It's not been done, the sea, not yet been done. From the inside, by one who really knows.*)"라고 읊은 것처럼, 짠바람을 모르는 시인들은 책상머리에서 바다를 그렸을 뿐이나, 메이스필드는 바다를 제대로 그렸으며, 이 점이 바로 「바다의 시인」으로 길이 빛날 수 있는 기틀이라 할 것이다.

그는 왕자나 성직자나 꽃마차를 탄 사람들에 대하여 연민의 정을 주고 있는 것이 아니라, 죽을 때까지 싸우는 누더기 두른 보병들, 전장의 먼지와 소음과 함성 속에서 어리둥절하는 병사들, 머리가 터지고 두 눈에서 피가 흐르는 병사들, 석탄을 때는 기선의 화부들, 헌 옷 걸친 선원들, 당김줄로 돛을 올리고 내리는 사람들, 뱃노래 부르는 선원들, 꾸벅꾸벅 졸면서 키를 잡는 키잡이들, 심신이 지친 파수꾼들의 편에 연민의 정을 보낸 대중과 호흡하는 시인이었다. 미국의 시인 Whitman을 the poet of the people이라고 부르듯이 이 시인도 평민들(common characters) 속에서 시를 읊고 용기를 불어 넣었다.

메이스필드가 T.S.Eliot, Ezra Pound 등의 시 활동의 그늘에 가려지고 있음을 시인하면서도, 그의 정통적인 자연관, 바다와 역사를 시로 표현하는 기교, 언어적인 음조의 순수성 등의 특질을 들어 그를 불멸의 존재라고 에버하트(Richard Eberhart, 1904~, 미국의 시인)는 평한다.

"그의 작품은 영국의 시혼(詩魂)에서 주류를 이루며, 장래에도 살아남을 것이다." 이 말은 뉴욕 타임즈(1965. 7. 18)의 평이다.

월트 휘트먼 *Walt Whitman* 프로필

미국이 낳은 국민적 대시인, 휘트먼(Walt Whitman, 1819~1892)이 그의 생애를 통하여 바다가 좋았기에 바다에 얽매였음을 시집 「풀잎, Leaves of Grass」에서 잘 나타내 주고 있다. 남북전쟁에서 많은 목숨을 잃고, 신세계 합중국이 출현하고 진통을 겪었던 때인 19세기는 미국 역사상 가장 격변했던 시기요, 구세계(유럽)에 깊이 뿌리

박은 젊은이들이 미국의 꿈이었던 진보와 과학기술을 등에 업고, 새로운 미국의 모습을 나타내는 시기이기도 했다. 미국인은 금세기에 이르기까지 끊임없이 꿈을 추구하고 신화를 낳아 왔다. 이 꿈을 신대륙을 개척하고, 과거(구세계)를 도려낸 미국인들이 추구해 왔기에 진보가 있었던 것이다. 미국의 꿈을 추구해 마지않았던 휘트먼, 그는 미국적인 상징 그것이었음에 틀림없을 것이다.

'미국의 시인이요, 미국 민주주의의 시인('The Poet of American Democracy)'이라고 추앙을 받고 있는 그는 민주주의의 인간 평등을 노래하고, 미국의 힘을 평민(common people) 속에서 찾는다.

휘트먼은 문단에서 평등주의자의 대표라고 일컫는다. 1819년 뉴욕 주 롱아일런드의 한촌(寒村)에 있는 웨스트 힐즈 농장의 빈농 출신으로 칠형제 가정에서 태어났다. 그는 롱아일런드를 원주민의 말인 포모노크(Paumanok)로 부르기를 좋아했다. 4세 때에 그의 아버지가 목수로 전업해서 브루클린으로 이사했다. 그는 그곳의 공립학교에 12세까지 다녔다. 그 후 변호사, 의사의 사환, 인쇄공, 식자공으로 또는 초등학교 교사로 집안 살림을 도우면서 많은 직업을 전전, 독학으로 공부하고, 성서와 셰익스피어의 작품을 애독했다.

1841년 이후에는 뉴욕의 맨해튼이나 브루클린의 많은 신문, 잡지에 관여하면서 정치 저널리스트의 길을 밟기 시작, 민주당의 기관지를 편집하게 되었으나, 정치에 대한 기대가 저버려지자 오래가지 못하고, 일정한 직업이 없는 방랑 생활을 보내게 된다.

이 방랑 시절은 미국의 자연과 사회, 그리고 목수, 석공, 선원, 노동자와 같은 미국 민주주의의 체현자(体現者)들인 일반 시민과 접촉하는 기회가 되었고, 철저한 개인주의적 평등주의의 사상을 강화한다.

나는 아메리카의 노래가 들린다. 그 갖가지 찬가가 들린다,
공장 노동자들이 찬가를, 저마다 자기 노래를 마음껏 힘차고 쾌활하게 부른다.
목수들은 자기 노래를 널빤지와 들보 치수를 재면서 부른다,
석수는 자기 노래를 일을 준비하면서, 또는 마치면서 부른다,
뱃사공은 자기 세계를 배 안에서 노래 부르고, 갑판선원은 기선 갑판 위에서 노래부른다,
....

I hear America singing, the varied carols I hear,
Those of mechanics, each one singing his as it should be blithe and strong,
The carpenter singing his as he measures his plank or beam,
The mason singing his as he makes ready for work, or leaves off work,
The boatman singing what belongs to him in his boat, the deck-hand singing on the steamboat deck,
....

—I Hear America Singing에서

1853년경 에머슨(Ralph Waldo Emerson, 1803~1882)의 논문을

읽고 깊은 감명을 받았다. 같은 해에 그의 수첩에 「문학적인, 또는 시적인 형식으로 타협함이 없이 나 자신의 육체적, 감정적, 도덕적, 이지적 그리고 시적(詩的)인 개성을 충실하게 언어로 표현하겠다」는 야심을 적어 두었다. 이렇게 그는 시인으로서 눈을 뜨고 시인으로 변신해 간다.

자유시형, 구어(口語) 사용, 참신한 이미지 등을 특징으로 하는 혁명적이고 독자적인 시법(詩法)을 고안해 냈다.

휘트먼이 36세인 1855년 7월, 민주주의의 교전(敎典)이라 일컫는 시집 「Leaves of Grass, 풀잎」을 출간했다. 94면의 소책자에 「Song of Myself, 나 자신의 노래」 등, 12편을 수록했는데, 시인 스스로 활자를 골라 집어 조판하고, 자비로 출판했다. 더없이 독창적인 이 시집은 처음부터 묵살되거나 조소의 대상이 되었는데, 초절주의자(超絶主義者)들은 상통하는 점을 발견한다. 에머슨은 「이 시집은 미국이 일찍이 세계에 드리는 예지(叡智)와 기재(機才)의 아주 훌륭한 작품이다…. 나는 위대한 발자취의 일보를 내딛은 당신께 마음 깊이 인사를 드립니다.」라고 즉각 감동의 서신을 보냈다. 그러나 「풀잎」이 미국에서 일반 대중에게 인정을 받게 된 것은 그의 만년(晩年)의 일이다.

그는 평생 「풀잎」의 증보를 거듭하여 최후의 제9판(임종판, 1892)에는 400편 가까운 시를 수록한 큰 시집이 되었다. 영국문학의 전통에서 벗어나 운율(韻律)의 속박, 노예의 운율에서 해방된 자유시(free verse)를 쓰고, 선구적인 자유율(自由律)을 분방하게 구사했다. 신대륙 대지에서 일어서는 민중의 미래에 대한 꿈과 희망을 예언이나 하는 것처럼 노래했다.

「풀잎」은 시인 휘트먼과 그의 나라 미국의 변화에 따라 여러 차례 개정되면서 증보되었다. 초판은 시집의 제목이 없었다. 제2판(1856)에는 「A Poem of Walt Whitman, an American, 미국인 월트 휘트먼의 詩」로 제자(題字)를 달았다. 시집 중의 「Song of Myself, 나 자신의 노래」는 독자적인 장편시로 자신과 민주주의를 강조하는 「풀잎」을 단적으로 표현한 한 부분이다. 52절, 1340行인데, 1881년에 마지막으로 개정하여 지금에 이르렀다. 이 시는 인간의 혼의 무한함과 그 혼에 의한 세계 전체에 도달하는 과정을 표현한 것으로 도달 방법에 차이는 있으나 에머슨의 「자연론」과 상통한다.

그러나 「풀잎」도 제3판(1860~1861)에서는 지금까지 자기 신뢰에 뿌리내린 무조건적인 사랑에 그림자가 드리우기 시작한다. 고독과 죽음의 주제가 전면에 나온다. 제3판에 수록된 「Children of Adam, 아담의 아들들」과 「Calamus, 캐러머스」는 각각 남녀의 사랑과 남성 사이의 사랑을 노래한 시들인데, 「육체를 노래하고, 혼을 노래한 시인」을 자인(自認)한, 휘트먼답게 시의 주제에 성애(性愛)를 정면으로 다루어 19세기의 미국인 독자들에게 적지 않은 충격을 안겨 주었다.

남북전쟁으로 아우가 전투에서 부상을 입어 휘트먼은 문병차 전선의 전방에 부임하여 전장(戰場)의 비참함을 목격한 뒤, 워싱턴 시청에 근무하면서 간호인 지원자가 되었다. 남북전쟁 당시, 애국시 「Drum- Taps, 북소리의 울림, 1865」 53편을 썼다.(「풀잎」 제4판에 수록). 전장과 육군병원내의 모습을 노래한 전쟁시를 모은 것으로 그의 체험이 묘사되고 있다. 피아(彼我)의 구별 없이 부상병 구조에 전력을 다한 그의 평등주의의 표현이다. 「풀잎」에는 그 밖에 미국의 개척자와 유럽에서 독립한 미국정신을 찬양하고 문명의 첨단(尖端)을 가는 자의 역할을 노래한 「Pioneer! O Pioneer!, 아, 개척자여!」 등, 53편이 수록되어 있다. 속편의 시집 「Sequel to Drum-Taps, 1865~1866」에는 16대 링컨 대통령의 죽음을 애도한 「O Captain! My Captain! 아, 선장이여!」, 「When Lilacs Last in the Dooryard Bloom'd, 지난번 라일락꽃이 앞뜰에 피었을 때」, 두 편이 수록되어 있다. 이 두 권의 시집에서 일찍이 사적(私的)인 개인을 노래한 시인이 공적인 대의(大義)나 사회적 이념에 눈을 돌려 「국민시인(national bard)」으로서 자기 정의(自己定義)를 내린 것을 느낄 수 있다.

시인의 근저(根底)에는, 개인 차원에서든, 대국적인 국가 차원에서든, 민주주의를 지지하는 세계가 있다는 것은 확실하다. 휘트먼의 이와 같은 문학관(文學觀)은 「풀잎」 초판의 서문과 현실의 부패에 경고를 하면서 민주주의와 개인주의의 완성으로 미래를 걸어 보기를 주장한 산문, 「Democratic Vistas, 민주주의적 전망, 1871」에서, 명백하게 드러나 있다.

자기 발로 걷고, 자기 손으로 일하고, 자신의 마음으로 말하겠다는 에머슨이 미국의 지적(知的) 독립을 선언한 것은 「미국의 학도(學徒)」 강연을 한 1837년의 일인데, 그 후 약 20년이 지난 1855년에 그것을 실행한 것이 휘트먼의 시집 「Leaves of Grass」다.

역사가 짧은 미국의 성숙감을 노래한 시집 「풀잎」은 그 이름이 뜻하고 있듯이 가장 평범한 민중을 뜻하는 것이요, 이 민중의 소리가 곧 미국의 소리인 것이다. 그의 시는 자유와 평등과 우애의 정신이 넘치고, 강인한 시인의 개성은 독자의 마음을 압도한다.

바다를 좋아해서 시의 소재로 많이 사용했는데, 「Sea-Drift 漂海」 11편이 알려지고 있고, 「풀잎」에 수록되어 있다.

그는 죽을 때까지 「풀잎」을 기억하고, 가필(加筆)하는 일을 멈추지 않았다. 그의 노래는 허식을 내동댕이치고 적나라한 개인이 자기의 팔과 힘으로 자연에 도전하고 미래를 개척하는 나라, 젊은 미국의 민중의 노래였다.

1892년, 73세로 사랑과 해방의 시인은 미국의 꿈, 자유와 진보를 싣고 세계로 뻗는 배들이 그의 가슴을 달리면서 이 세상을 하직했다.

조지 고든 바이런 *George Gordon, Lord Byron* 프로필

괴테(Goethe, 1749~1832)의 유일한 맞수 문인, 바이런 경(Lord Byron, George Gordon, 1788~1824)은 낭만파 제2세대를 대표하는 시인이다. 날 때부터 다리에 장애가 있었지만 수려한 얼굴과 재주를 타고난 정열의 시인으로서 한 세상을 풍미(風靡)한 그는 방탕으로 유명한 귀족의 가계(家系)로 런던 태생. 히스테리가 심한 모친의 손에

Aberdeen에서 성장, 10세 때에 갑작이 백부로부터 작위와 장려한 대저택과 거부(巨富)를 계승한다. 이후 이 청년 귀족은 자유 분방(自由奔放), 질풍 노도(Strum und Drang)와 같은 생애를 보내고, 세기의 반역아(反逆兒)로서 정말로 낭만파의 일면을 몸에 지닌 대표 시인으로 피가 끓고 용약(勇躍)하는 행동성을 보여 준 낭만파 연소층(年少層)의 필두(筆頭) 시인이었다.

알바니아 의상을 입은 바이런의 초상화
The National Historical Museum
(Athens) 소장

Harrow고등학교를 거쳐 Cambridge 대학을 졸업한 후 포르투갈, 스페인, 그리스, 터키 등지를 여행하고, 그 여행 체험을 바탕으로 이국정조(異國情調)가 흠씬 풍기는 「차일드 해롤드의 편력(遍歷)」 1,2권(1812)을 발표하였다. 「어느 날 아침 눈을 뜨니 나도 모르게 유명해졌다.(One morning I awoke to find myself famous)」라고 그 자신이 술회할 정도로 이 시집은 출판을 하자마자 유럽 천지를 뒤흔들고 일약 명성을 얻어 시단의 샛별이 된다. 그 강렬하고 분방한 자아와 감정을 시대에 던져 일대(一代)의 총아가 되었다.

1815년에 결혼, 딸 하나를 두고, 복잡한 그의 여성문제로 1816년 모국을 영원히 떠나고 만다. 「나는 영국을 떠나 다시 돌아오지 않았다」(I left England never to return)의 주인공이 바로 바이런이었다.

스위스, 이탈리아를 전전하고, 셸리(Shelley, 1792~1822)와 친교를 나누며 「차일드 해롤드의 편력」 3, 4권(1816, 1818)을 완결하면서, 점차 낭만적 정열이나 영웅적 대구(heroic couplet)를 버리고 코믹 풍자의 경향을 강하게 보여준다. 시극(詩劇)과 미완성의 장시 Don Juan(1814~1824)을 계속해서 쓰고, Guiccioli 백작부인 Terera의 사랑을 얻고 가장 행복한 다산(多産)의 한 시기를 맞는다. 마침내 그리스 독립운동에 최후의 정열을 쏟고 1823년에는 몸소 의용군을 이끌고 미소롱기(Missolonghi)에 상륙, 이듬해 말라리아 열병으로 객사, 파란 많은 생애를 마쳤다.

헨리 워즈워스 롱펠로우 *Henry Wadsworth Longfellow* 프로필

헨리 워즈워스 롱 펠로우(1807~1882), Main주 명문가의 변호사 아들로 태어났다. Bowdoin대학에서 동기생인 호손(N. Hawthorne)과 함께 수학했다. 그의 생애는 한마디로 승리(triumph)와 비극(tragedy), 성취(fulfillment)와 실망(disappointment)의 혼합이었다. 그럼에도 그는 미국에서 가장 사랑받는 낭만주의 시인이다.

소년시절, 어빙(W. Irving)의 「Sketch Book」와 브라이언트(W.C.

Bryant)의 「시집(Poems, 1821)」의 영향을 받았다. 대학에 15세에 입학, 졸업 후 두 차례 유럽의 여러 곳을 여행하며 근대어(近代語)를 배웠다. 전통적인 문화적 대학 도시, 케임브리지에 정주(定住)했다. 22세에 귀국 후 모교에서 교편을 잡았다. 연구차 다시 유럽에 건너갔는데, 1835년에 상처를 하고 충격을 크게 받았으나 다음 해 1836년에 귀국함과 동시에 Harvard대학의 초빙을 받아 근대어학 교수로 18년간 교단생활을 했다. 그는 시인이기 전에 문학자였다.

강판(steel engraving)에 새긴 젊은 시절의 롱펠로우

1861년에 6명의 어린 아이들을 두고 두 번째 부인이 사고로 사망(燒死)하는 등, 불행을 겪었으나 詩作과 연구를 계속하면서 평온한 생활 리듬을 기본적으로 유지하고, 퇴직 후에도 「미국 국민시인」으로서 세계적인 사랑을 받았다. 그는 당시의 미국뿐만 아니라, 영국을 비롯해서 유럽 대륙에서 영어를 배우는 소년 소녀들에게 인기가 많았던 시인이다.

New England 지역은 종교적으로는 초월주의보다는 보수적인 유니테리언이즘(Unitarianism)을 믿고, 문학적으로는 포(Poe)가 통렬하게 비판한 권선징악적이고 교훈적이며 건전한 작품이 잇따라 발표되고 있었다. 이와 같은 배경 밑에서 홈스(Oliver Wendell Holmes, 1809~1894), 로웰(James Russel Lowell, 1819~1891), 롱펠로우 등 대표적인 문인들이 태어났는데, 이들을 New England의 삼거두(三巨頭)라고

만년의 Longfellow

부른다. 그들은 유럽 문화를 존중했고, 회고적(懷古的) 목가적(牧歌的)인 낭만주의자였다.

롱펠로우의 시는 Hawthorne처럼 암담한 회의적인 사상과는 달리 세상의 표준적인 도덕 감정으로 지탱되고 있다. 그의 시는 단순한 줄거리를 평명(平明)한 운문(韻文)으로 엮은 <이야기 시>와 사상적으로는 깊이는 없으나, 음악적으로는 애창하기 쉽고 대중의 환영을 받는 <교훈적 서정시>로 대별된다. 당시의 미국에서 압도적인 인기가 있었는데, 전자로는 French and Indian War(1754~1763)를 배경으로 비련(悲戀)을 노래한 「Evangeline: A Tale of Acadies, 1847」, 인디언의 영웅 Hiawatha의 생애를 노래한 「The Song of Hiawatha, 1855」가 있다. 서정시로는 「Voices of the Night, 1839」, 「Ballads and the Poems, 1841」 등이 있고, 그중에서 짧은 인생이니 진지하게 살자고 노래한 「인생 찬가, A Psalm of Life」, 근면의 가치를 존중하는 Puritanism 정신을 반영한 「마을의 대장간, The Village Blacksmith」 등이 유명하다. Dante의 「신곡(神曲)」의 명역인 「Divine Comedy 3권, 1865~1867」이 있다.

시인으로 세계의 존경과 사랑을 한몸에 받은 롱펠로우는 당시의 민중에게는 격동기에도 흔들림 없이 인도하는 빛이었음에 틀림없다. 그의 낙천적인 인생관은 미국적인 사상이라고 할 수 있다. 그의 서거는 유럽에도 큰 슬픔을 안겨 주었다. 1881년 서거 일 년 전에 미국의 모든 학교에서 그의 생일을 축하했다. 영국 웨스트민스터 성당(Westminster Abbey)의 The Poets' Corner에서 대리석 흉상의 제막식이 거행되었다.

윌리엄 셰익스피어 *William Shakespeare* 프로필

윌리엄 셰익스피어

영국의 평론가·역사가, 토머스 칼라일(Thomas Carlyle)은 그의 저서「영웅과 영웅 숭배(Heroes, Hero-worship, and the Heroic in History, 1841)」에 유명한 한 구절을 남기고 있다. "인도 제국은 언젠가 소멸할 것이다. 그러나 셰익스피어는 소멸하지 않고 영원히 우리와 함께 존속한다. 우리들은 우리들의 셰익스피어를 버릴 수는 없는 것이다!" 셰익스피어와 인도를 비교하고 있는 이 한 구절 때문에「인도와도 바꿀 수 없는 대문호 셰익스피어」라는 말이 나오게 되었다.

영국인이 자랑하는 셰익스피어는 1616년에 서거했으니 2016년 올해는 서거 400주년이 되는 해다. 세계의 여러 곳에서 그를 기리는 행사가 열리고 있다. 셰익스피어는 그의 여러 희곡 작품에서 해사(海事)에 관한 상세한 지식 없이는 도저히 구사할 수 없는 해상 묘사(海上描寫)의 적확(的確)함이 보이고 있기 때문에 「Shakespeare and the sea」의 저자인 옥스퍼드대학 교수 A.F. Falconer 등, 셰익스피어의 <선원 출신설>을 역설하고 있는 구미의 연구가들이 있으나, 젊은 날의 그의 경력은 잘 알려져 있지 않다.

과연 그는 선원 출신이며, 해상 생활의 경험이 있는가,

셰익스피어의 생애(生涯)

셰익스피어(William Shakespeare)는 1564년에 태어나서 1616년에 52세의 나이로 서거했다. 그는 극작가로 알려져 있지만 37편의 극본 이외에도 시인으로서 154편의 시를 집대성한 「The Sonnets 소네트 시집」이 있다. 그의 탄생지는 영국 중부지방의 스트렛포드 온 에이본(Stratford-on-Avon), 당시에는 인구 2000명에 불과한 시골 마을이었으나 지금은 세계적인 관광지로 이름난, 문인들의 성지(聖地)가 되었다. 보통 스트렛포드라고 부르는 이곳은 셰익스피어의 생가, 그의 모친 Mary Arden의 집, 아내인 Anna Hathaway가 보낸 유년기의 집, 큰딸 Susanna의 시댁인 Hall's Croft 등, 여러 건물이 보존되고 있고, 런던에서 성공한 후에 고향에 새로 구입하여, 1612년경 인퇴(引退)한 후 1616년 서거할 때까지 지낸 집 New Place는 스트렛포드에서 두 번째로 큰 건물이었으나 현존하지 않고, 그 자리에는 엘리자베즈 왕조 시대의

양식인 낫트 정원(Knott Garden)이 조성되어 있다. 아름다운 에이본 강가에 있는 성 트리니티교회(The Holy Trinity Church)에 안장되었고 묘지의 슬라이드를 10달러로 구입할 수 있다. 이곳에는 Shakespeare School이 있어 그의 극작품에 대하여 공부를 할 수 있다. Swan, The Other Place 두 곳의 극장에서 그의 작품 중심의 연극 활동이 이루어진다.

1564년 4월 26일에 수세(受洗)한 기록이 교회의 기록부에 남아 있는데, 그의 탄생일은 수세하기 전 2, 3일일 것으로 추정하여 명일(命日)과 같은 날짜 4월 23일을 생일로 정했다.

부친은 양모(羊毛) 거래상, 유피가죽 판매상으로 지방의 유력자였고, 스트렛포드의 촌장(村長)을 지내기도 했다.

세익스피어는 고전문법학교(古典文法學校, Grammar School)를 다니면서 라틴 어 중심의 교육을 받았을 것이다. 1582년 18세에 8년 연상인 Anne Hathaway와 결혼, 큰딸 Susanna, 쌍둥이 아들 딸, Hamnet와 Judith, 3남매를 두었다. 21세부터 28세까지 7년간 무슨 일을 하고 지냈는지 전혀 자료가 없는데, 이 기간을 「잃어버린 해」(Lost Years)라고 부르고 있다. 1585년 경에 런던에 진출한 것으로 추정하고 있다.

벤 존슨(Ben Jonson, 1572~1637)은 독자적인 세익스피어 관(觀)을 남긴 극작가인데, 「에이본 강의 아름다운 백조」라고 칭찬했다. 「백조(白鳥)」는 노래하지 않은 채 그의 희곡 「한 여름 밤의 꿈, A Midsummer Night's Dream」처럼 살다 떠난 대문호였다.

영원히 살아 있는 My Gentle Shakespeare

영국 국왕과 귀족, 그리고 영국 사회가 셰익스피어라는 천재를 탄생케 했다. 그가 활약했던 시대적 배경은 어떠했는가. 영국을 대제국으로 발전시키겠다는 의지의 군주 헨리 8세와 아들을 낳지 못해 참수(斬首)된 Anne Boleyn 사이에서 태어난 엘리자베즈 1세 여왕(1533~1603)이 즉위한 1558년부터 서거할 때까지, 여왕의 치세(治世) 중에 문학은 발전하여 황금시대를 열었는데 「Elizabethan Literature」라고 불렀다. 엄밀히 말한다면 1580년경부터 1620년경까지의 문학을 말하고, 영국의 르네상스라고 일컫는데 셰익스피어의 생애(生涯)에 해당한다. 여왕 즉위 후 종교, 경제, 외교 등 치정(治政)은 눈부신 발전을 하면서 1588년에 당시의 최강국 스페인의 무적함대(無敵艦隊, The Invincible Armada)를 격파하고 국력을 크게 발전시켜 부왕의 뜻을 이루어 근대 국가로 그 지위를 확립한다. 여왕은 연극, 음악을 즐긴 문예의 후원자(patron)였다. 엘리자베즈 왕조 시대에 영국문학의 황금시대를 맞게 되었으나 왕성한 번역 문학이 그 기초가 되었는데, 셰익스피어 연극의 재원(材源)으로 중요했다. 셰익스피어의 연극을 비롯하여 엘리자베즈 왕조 연극이 성립되면서 영국 연극사상(英國演劇史上)뿐만 아니라 세계 연극사상에서도 보기 드문 풍성한 시대였다. 여왕시대는 영국의 르네상스가 찬란한 꽃을 피웠을 뿐만 아니라, 바다로 진출한 시대로 해외무역, 식민지 개척 등, 국력을 크게 신장시켜 해외로 확장하게 되고, 이 나라의 정신적 시야가

확대된 시대였다고 말할 수 있으며 해양문학(海洋文學)의 종주국(宗主國)의 기틀이 잡혀갔던 시대적 배경이 셰익스피어라는 천재적인 대문호(大文豪)를 탄생케 하는 데 큰 영향을 미쳤다.

셰익스피어의 활동기 이전에는 왕족과 귀족은 라틴 어로 글을 쓰고 프랑스 어로 대화를 나누었었다. 셰익스피어는 그의 작품을 통해서 영어를 재탄생시켰고, 그가 활약한 튜더 왕조(Tudor王朝, 1485~1603)시대에 화려하고 유려(流麗)하며 강력한 영어 표현의 시대를 맞으면서 영문학의 꽃을 피우게 하는 데 그는 크게 기여했다. 셰익스피어는 그의 작품을 통해서 많은 명언, 명구, 명문장을 남기고 있고, 오늘날 일상 영어생활에서 살아 있다. 영국인들의 가정에서는 성서와 셰익스피어의 작품, 두 가지 책을 상비(常備)하고 있다고 한다. 그만큼 언어생활에 미치는 영향이 크기 때문일 것이다.

셰익스피어는 최후에 4편의 로맨스 희곡을 썼다: 페리클레스(Pericles), 심버린(Cymberline) 겨울밤의 이야기(The Winter's Tale), 그리고 폭풍(The Tempest). 이들 Last Plays의 배경에는 언제나 죽음에서 재생(再生)으로 이르게 하는 「바다」의 이미지가 있다. 그래서 해양국가 영국민들의 사랑을 크게 받고 있는 것이리라.

튜더 왕조(Tudor王朝) 시대, 왕족, 귀족, 그리고 영국사회가 개화(開花)시킨 천재 셰익스피어는 언어가 있는 한 그의 말은 살아 있고, 무대가 있는 한 연극은 상연되는 영원한 대문호. 벤 존슨(Ben Jonson)은 그의 추도시에 「한 시대가 아니라 만대(萬代)의 사람」이라고 적고 있다. My Gentle Shakespeare! 셰익스피어에게는 Gentle

(古語로 기분좋은 상류계급의 사람, 귀족과 평민의 중간층의 사람) 이라는 수식어가 정착되어 있다. 400년이 되는 오늘날에도 세계인의 사랑을 받으며 그는 살아 있다.

셰익스피어 옹의 생가에서 필자(상)와 거리의 모습(하)
(영국, Stratford-on-Avon, 1985)

앨프릿 테니슨 *Alfred, Lord Tennyson* 프로필

테니슨(Alfred, Lord Tennyson 1809~1892)은 신앙심이 깊은 기독교 시인으로 Robert Browning과 더불어 빅토리아 왕조 시대에 영국 시단(詩壇)을 대표하는 시인이다.

빅토리아 여왕의 오랜 치세(治世) 동안 장수하여 83세에 서거한다. 국민의 감정에 호소하고, 영롱한 리듬과 화려한 표현으로 민족적 영웅인 아더(Arthur) 왕의 이야기에서부터 어민과 같은 일반 서민의 생활에 이르기까지 널리 노래를 읊었다. 다윈(Darwin)의 「종의 기원」이 발표되자 신앙에 회의심을 갖는 사람들이 속출하던 그 시대에, 시에서 신앙과 의심 사이의 갈등을 해소해 보려고 노력했다. 테니슨은 오로지 신의 존재를 믿고, 다윈의 약육강식, 이른바 자연도태설(自然淘汰說)과는 다른 의미에서 인류의 발전을 빌고, 영혼의 불멸을 믿었다. 이와 같은 온건한 그의 사상이 그 시대의 사람들에게 도덕감을 크게 불러 일으켰다.

빅토리아 왕조의 최대의 시인인 그는 Lincolnshire교구의 목사의 아들로 태어났고, Cambridge대학 재학 중에 시작(詩作)을 시도했다. 형과 함께 익명으로 「兄弟시집」(Poems by Two Brothers, 1827)을 출판한 뒤로, 테니슨은 다작(多作) 시인으로 모든 장르의 시를 썼다.

낭만파의 영향을 깊이 받으면서 시를 쓰기 시작한 그는 미의 세계에 침잠(沈潛)하겠다는 의식과 낭만파의 그 틀을 깨고 사회에 나가겠다는 자각이 교착했다. 낭만파 시인의 반역성(反逆性)과는 처음부터 거리가 멀었다. 그 자신의 성격 탓이기도 했지만 「질풍 노도」(Strum und Drang)의 시대는 먼 과거의 일이 되어 있었던 것이다.

평범하고 온건한 발상으로 음악성이 풍부한 운율을 구사하여, 서정시와 서사시에 건전한 도덕관과 온건한 진보 사상을 담은 그의 작시 태도에서 시대의 반영(反映)을 볼 수 있다. 또한 종교적으로 회의와 신앙의 상극(相克)에 고민했다. 이 「정직한 회의」(honest doubt)가 1830년대까지 그의 작품의 중심 과제가 되었다. 「극적 독백」(dramatic monologue)을 시도한 「시집」(Poems, 1832)으로 인정을 받았다.

Cambridge대학 시절부터 둘도 없는 친구이자 그의 누이 에밀리아(Emilia)의 약혼자이기도 했던 Arthur Henry Hallam(1811~1833)이 요절하자 심각한 충격을 받았다. 침사(沈思)의 10년을 보내고, 1842년에 두 권의 시집과 여성의 사회적 권리를 주제로 한 서사시, 「The Princess, 1847」로 널리 화제를 모았다. 친구의 죽음으로 인한 깊은 허무감에서 벗어나서, 신의 커다란 사랑에 의한 구원을 노래한 추도시, 「In Memoriam, 1850」은 높은 세평을 얻었고, 같은 해에 계관시인에 추대되었다. 이 시는 단지 빅토리아 왕조를 대표하는 만가(輓歌)일 뿐만 아니라, 영문학사 상의 4대 만가의 하나로 손꼽히는 작품이기도 하다. 죽음의 슬픔에서 발단해서 불멸인 것을 만나고, 마지막에 삶의 가치를 찾아낸다. 시인은 슬픔을 이기고, 그에게 다시 평안이 찾아 든다. 절망과 회의를 극복하고, 인생을 다시 한 번

긍정할 수 있는 것, 이것이 그의 생애 과제가 되었고, 시작(詩作)은 그것을 위한 수단이 되었다. 그의 친우 Hallam을 잃은 것이 그 후의 테니슨의 문학을 결정지었다. 「In Memoriam」을 쓰고 나서 비로소 그는 13년간 기다리게 한 약혼자와 결혼할 수 있었다.

시어(詩語)의 음악성을 아름다운 운율로 재생시켜 효과적으로 다루는 재능은 아마도 테니슨의 천부적인 것이었다. 빅토리아 왕조 사람들의 사람다운 사상과 심정을 진솔한 태도로 아름다운 운율에 실어 노래한 그의 시는 국민의 존경과 사랑을 받았으며, 애국자이기도한 국민시인이었다. 일세대 전의 Byron이나 Shelley와는 정반대의 시인상(詩人像)을 확립했다.

1884년 빅토리아 여왕은 이 국민시인에게 남작(男爵)의 작위를 수여하고, 귀족의 반열에 올렸다. 1892년 10월 6일 영면, Westminster Abbey의 Poets' Corner에 Robert Browning과 나란히 안장되었다.

메듀 아널드 *Matthew Arnold* 프로필

영국의 시인, 비평가, 교육가인 매듀 아널드(Matthew Arnold, 1822~1888)는 럭비스쿨(Rugby School)의 고명한 교장인 토머스의 아들로 태어났다. 그는, Rugby, Winchester를 거쳐 Oxford대학에 진학, 후에 그 대학의 시학(詩學) 교수가 되었다. 몇 권의 시집을 남기고 있다. 산문에 의한 평론 활동을 위주로 문명평론, 문예평론 활동을 했는데, 당시의 정신적 무질서 상태, 특히 중산 계급의 물질주의와 속물 근성(俗物根性, philistinism)과 지방성(地方性, provincialism)을 비판했다. 널리 유럽 문화의 진수를 흡수해서 정신적 교양을 지니도록 설득했다. 「교양과 무질서, Culture and Anarchy, 1819」는 그의 대표작이다.

그런데, 그가 이처럼 평론에 정력을 쏟으면서 공적 활동의 의의를 찾으려고 한 것은 1850년대 이후의 일이다. 1857년 옥스퍼드 대학 교수가 된 후의 평론 활동은 그의 시작(詩作) 활동에 좋은 영향을 미치지 않았던 것 같다. 시는 1857년 이전의 작품에 수작(秀作)이 많다.

신앙과 이성의 괴리(乖離)에 고민하고, 고전(古典)의 조화와 현대 문명의 무잡(蕪雜)한 사이에서 회의와 허무에 빠진다. 빅토리아 왕조 시대의 전형적인 인물상—정직한 회의자(懷疑者, honest doubter)—이 아널드의 모습이었다. 그 때문인지 그의 작품에는 감미로운 애수(哀愁)가 흐르고 있는 작품이 많다. 그래서 어딘가 모르게 만가풍(挽歌風)으로 읊은 시에 빼어난 작품이 많다. 「Dover Beach 도버 해변」은 아널드의 걸작 중 하나다.

도버 해변의 물결에 서로 부딪치며 「영원한 슬픈 가락」을 울리고 있는 신앙의 바다가 이제 썰물처럼 빠져나가고 있는 음울한 소리를 들으며, 가슴 아프게 지적하고, 66세를 일기로 그는 심장병으로 세상을 하직했다.

테니슨, 브라우닝과 더불어 영국 빅토리아 왕조 시대의 셋째로 손꼽히는 대표적 시인이었던 그는 문학과 인생에 대하여 가장 영향력이 큰 평론가의 한 사람이기도 했다. 아널드의 시는 이 세상과 자신의 마음의 상태에 대하여 비판과 불안으로 물들어 있는 반면에, 미와 힘과 기교로써 보고 느낀 것을 표현하고 있다.

「시는 인생의 비평」이라고 말하는 아널드는 사상면에서 신중하고 명백하며, 구성면에서 확고하고, 자신의 기쁨과 슬픔을 정직한 서정시풍으로 보여준다. 어린 시절 영국 서북부의 호수 지대에서 자연의 아름다움 속에서 자라난 이 시인은 정적 지적인 자질을 잘 혼화하고 있어 그의 글은 존경을 받았었다. 그러나 사랑은 받지 못했다고 한다. 후에 「기껏해야 기분 좋은 우수」를 자아내는 시를 버리고, 「생기를 주고 고결하게 해주는 병든 사회의 치료자인 산문」을 찾아 도덕가로 전환, 당대의 도덕가요, 럭비학교의 교장인 부친 토머스의 아들로서 그 구실을 다한다.

위스턴 휴 오든 *Wystan Hugh Auden* 프로필

W. H. 오든(Wystan Hugh Auden, 1907~1973). 시인, 영국의 Yorkshire에서 태어났다. Norfolie 주 Holt의 Gresham's School, Oxford의 Christ Church College에서 교육을 받았다. 대학 재학 중에 Oxford Poetry를 편찬하고, Day-Lewis, MacNeice, Spender 등과 새로운 시

의 가능성을 모색한다. 한때 베를린에서 나치(Nazi)가 대두하는 것을 보고, 귀국해서 교직 등에 취업하면서 시작(詩作)을 이어간다. 다음 시는 이 시기의 작품으로 시집 「Look, Stranger(1936) : 미국판 On This Island」에 수록되어 있다. 처음에는 「Seaside, 해변」이라는 제목으로 The Listener誌에 발표했다.(1935. 12. 18) 이 시의 제목은 시집의 타이틀을 그대로 따서 「Look, Stranger!」로, 혹은 「On This Island」 등으로 되어 있다.

1937년, 내란 중인 스페인에 건너가서 귀국 후 「Spain 1937」을 집필하고, 1938년에 중국여행을 마치고 중일전쟁을 취재한 Journey to a War(1939)를 출판, 1939년에 도미하여 1946년에 귀화했다. 심리적·사회주의적 경향을 보였던 시인은 제2차 세계대전 무렵부터 점차 철학성·종교성을 심화하면서 시집 Another Time(1940), 장시 The Age of Anxiety(1947) 등에서 뚜렷하게 나타내고 있다. 전후에는 미국내의 대학에서 교편을 잡으면서, 영국, 이탈리아, 오스트리아 등지에서도 시작(詩作)을 하고, 1956~1961년에 Oxford 대학 시학교수로 지냈다.

Virginia 대학에서 강연한 강연집 *The Enchafed Flood*(1950), 시집 The Shield of Achilles(1955) 외에 만년의 경묘(輕妙)한 기지에 넘치는 작품을 모은 시집으로 Homage to Clio(1960), About the House (1965) 등을 냈다. Britten과 Stravinsky의 오페라 대본도 썼다.

오든은 많은 사람들로부터 많은 것을 배우고, 그것을 자기 자신의 것으로 새롭게 생성해 낼 수 있는 유연한 감수성을 지닌 시인이었다. 초기의 작품에는 하디(Thomas Hardy), 에드워드 토머스(Edward Thomas), 오웬(Wilfred Owen) 등의 영향을 보이고 있다고 하지만, 뭐니 뭐니 해도 T. S. Eliot와 G. M. Hopkins의 감화가 컸다. 그리고 후배 시인들에게 미친 영향력이라는 점에서 본다면 엘리엇을 제외하고는 최대의 시인이다. 오든은 영어라는 언어의 특색을 시작(詩作)에 최대한 활용할 수 있는 거장(巨匠)이었다.

나치즘의 대두, 경제불황, 빈곤의 1930년대에 인생의 의의를 모색하고 마르크스(Marx)주의에 접근했다. 도미 후에 그의 활동은 눈부시었다. 사색적으로 깊어지고, 사랑의 문제, 종교의 문제에 관심을 갖게 되었는데, 영국국교회의 경건한 신도였던 친모가 1941년에 세상을 하직한 일이 영향을 주었다고 한다.

허먼 멜빌 *Herman Melville*
프로필

허먼 멜빌(1819~1891). 섬유 제품 무역상의 아들로 뉴욕 시에서 태어난 멜빌은 비교적 유복한 유소년기를 보냈으나 불경기와 부친의 사업 실패로 13세 때 학교를 중퇴하고 직업을 택해야 했다. 입신(立身)을 위해서는 미국 西部 또는 바다 어느 쪽을 선택할 것인지를 고려했던 당시, 그는 바다를 선택하고 18세에 뉴욕에서 리버풀로 가는 화물선에 보통선원(水夫)으로 승선, 대서양을 4개월간 걸려 왕복했다. 이때의 경험이 네 번째로 쓴 장편소설 「Redburn : His First Voyage, 1849」에 묘사되어 있다. 견습 水夫인 순진한 젊은이가 선내의 가혹한 노동, 동료간의 부당한 처사, 비위생적인 환경 등에 갈피를 잡지 못하고, 리버풀에서도 문명사회의 암흑 면을 목격하고, 사회 모순과 인간이 악에 눈뜨게 되는 모습을 다루고 있다. 귀국 후 일년 남짓 초등학교 교사생활을 하다가 바다에 대한 동경과 방랑 버릇 때문에 1841년에 포경선을 타고 희망봉을 돌아 남태평양에 이르게 된다. 선장의 혹사를 견디지 못하고 일년 반 지나서 동료 한 사람과 함께 남해의 섬으로 탈주했다. 토어(土語)로 식인종을 뜻하는 「타이피」의 산골짜기를 방랑했다. 첫 번째 작품 「타이피, Typee : A Peep at Polynesian Life, 1846」는 약 한 달 동안 지낸 산골짜기의 생활을 바탕으로 남해 섬의 아름다운 자연, 주인공과 섬 색시의 사귐, 이국 정서가 풍부한 풍속 습관을 묘사하며 원시적 생활을 예찬하고 문명을 비판하고 있다.

멜빌은 토착민에게 잡혀 한 달 동안 지내다가 탈주해서 오스트레일리아 포경선에 구조되어 타이티 섬(Tahiti)에서 선의(船醫)와 함께 하선했다. 두 번째 작품 「오무, Omoo : A Narrative of Adventures in the South Seas, 1847」에 그에 관한 경위가 상세히 기술되어 있다. 타이티 섬의 주변 섬들을 방랑자(Omoo)가 되어 둘이서 돌아다닌 경험을 바탕으로 백인 문명에 대한 비판을 해학이 넘치는 밝은 필치로 묘사하고 있다.

1884년 가을, 3년 9개월의 해상 생활에 종지부를 찍고 하와이에서 미국 해군 군함에 수병으로 승선하여 보스턴에 입항했다. 이 귀항(歸航) 경험을 다룬 것이 다섯 번째 작품 「화이트 재킷, White-Jacket, or The World in a Man-of-War, 1850」이다. 함장 이하 승무원들의 성격 묘사에서 산뜻한 필치가 돋보이는 작품이다. 겉으로 보이는 군함 내부의 질서 밑에 숨겨진 모순과 인생 그 자체의 부조리가 묘사되어 있다. 멜빌에게 항해와 남국의 섬에서 겪은 체험은 이와 같이 창작의 소재로 직접 활용되었다.

세 번째 작품 「Mardi : and a Voyage Thither, 1840」는 앞의 두 작품에 흡사한 남해의 모험물에 대한 취미로 시작하는데, 초현실적인 세계로 이야기가 진전되면서 시적 우화(詩的寓話)와 풍자가 담긴 정치, 사회, 종교, 인생론이 전개된다. 청정(淸淨)한 정신미를 체현(體現)하는 미녀가 행방불명이 되어 그것을 탐구하는 주인공의 항해담이라는 형식으로 현실의 영·미를 풍자하고 있다. 앞의 두 작품에서 호평을 받은 멜빌은 세 번째 작품 이후 상징주의적인 색채가 짙어짐에 따라 무시되고 있는 것은 아이러니하다.

귀국 후 곧 보스턴의 재판장 딸과 결혼한 멜빌은 매사추세츠 주에 농장을 마련해서 이주했다. 가까이에 살고 있는 호손(Hawthorne)과 친교를 맺은 것은 각자 「The House of the Seven Gables, 1851」와 「백경 Moby-Dick or the Whale, 1851」을 쓴 무렵이었다. 호손의 「Mosses from on Old Manse」를 읽은 후, 멜빌이 쓴 「Hawthorne and His Mosses, 1850」에서 호손이 묘사한 혼(魂)의 암흑이 칼뱅주의(Calvinism)

적인 인간의 생래(生來)의 타락성과 원죄 의식에 이어진다고 보고 선배 작가를 절찬하며 대표작인 「백경」을 그에게 헌사를 붙여서 헌정했다.

「백경」은 1851년 영·미 양국에서 출판되었다. Moby-Dick이라고 부르는 맹렬한 대백경에게 한쪽 다리를 물려 뜯긴 에이하브(Ahab) 선장은 복수의 일념으로 세계의 바다를 뒤지며 추적 항해를 한다. 그의 배에 같이 타고 있는 이야기꾼 이쉬마엘(Ishmael)은 여러 인종의 승무원과 선상생활을 같이 보낸다. 드디어 숙적인 백경을 발견하고 3일간의 사투 끝에 에이하브 선장은 고래에 날카로운 가래로 일격을 가하지만 고래와 함께 에이하브는 바다에 침몰한다. 배도 고래의 일격으로 부서져 침몰한다. 유일한 생존자 이쉬마엘을 남기고 전 승무원이 사망한다. 135장으로 꾸며진 이 장편소설은 해양모험담이지만 포경선을 소우주(小宇宙)로 삼고, 여러 승무원의 성격 묘사의 탁월함, 위험과 종이 한 장 차이인 바다가 바람이 멎은 후 잔잔해질 때 낭만적인 고요한 정경(情景) 묘사의 놀라운 필치, 인간의 투혼과 생명의 나약함에 대한 철학적 고찰의 심도, 포경 기술에 관한 구체적이며 백과사전(百科事典)과 같은 정보 등, 읽을 때마다 색다른 매력을 느끼는 작품이다. 위대한 바다의 서사시라고 말하는데, 당시의 독자들은 풍성한 이미지와 상징은 오히려 정신을 혼란하게 한다고 해석하였기에 실의에 찬 멜빌은 잊혀져가는 운명이었다.

그 후, 그의 걸작 단편으로 알려진 「Bartleby, the Scrivener」, 선상(船上)의 흑인 반란을 다룬 가작(佳作), 「Benito Cereno」 등을 수록한 단편집, 「The Piazza Tales, 1856」, 물질주의에 빠져서 과학 진보를

맹신하며 번영에 도취한 미국 사회의 허위성과 인간의 탐욕스러움을 풍자한 장편, 「The Confidence-Man : His Masquerade, 1857」 등을 출판했다. 그러나 어느 것도 사람들에게 이해가 되지 못하고, 때로는 시를 쓰기에 이르렀다. 시집으로는 성지 순례 끝에 낳은 1만 8000行의 종교적 장시 「Clarel, 1876」 등이 있다. 1891년 죽기 직전에 완성한 중편소설 「Billy Budd, Sailor, 1924」에서는 미소년(美少年) 세일러 Billy Budd를 질투한 나머지 모략을 한 고참 하사관을 Billy는 살해한다.

그의 무죄를 믿는 함장도 군규에 의해서 처형하는 비극이지만, 함장 이하 모두를 축복하고 사형에 임하는 Billy는 작가의 만년(晩年)의 심화된 사상이 돋보이는 작품이다. 이 작품이 출판된 1920년대에 겨우 멜빌을 재평가하는 움직임이 나타나기 시작했다.

1940년대에 들어서면서 그의 상징성도 정당하게 논하게 되었고, 현재는 미국문학의 거성(巨星)으로 자리 매김 했다.

에드가 앨런 포 *Edgar Allan Poe*
프로필

에드가 앨런 포(*Edgar Allan Poe*, 1809~1849). 미국 남부문학과는 거의 인연이 없었지만 지금까지 미국 남부가 낳은 최대의 시인·작가, 포에 대해서 살펴본다.

포는 아일랜드系의 배우의 아들로 보스턴에서 태어났다. 아버지는 실종하고, 어머니는 병사해서 고아가 되었다. 버지니아의 부유한 상인 Allan부처의 양자가 되었다. 일곱 살 때부터 열한 살 때까지 영국으로 건너갔다. 14세 때 친구의 모친 제인 스티드 스태나드(Jane S. Stanard) 부인을 사모하는 정을 갖게 되어 8년 후에 「To Helen」이라는 명시로 승화(昇華)했다.

1826년 Virginia대학에 입학했으나 차금(借金), 도박, 음주 등의 원인으로 퇴학, 양부와 불화가 깊었다. 보스턴에서 익명의 시집 「Tamerlane and Other Poems」를 자비로 출판한 것은 이듬해인 1827년의 일이었다. 같은 해에 육군에 입대했다. Allan부인이 임종 때에, 그녀가 바랐던 양부와의 화해 끝에 육군사관학교에 입학했으나 일부러 나태하여 결국 Allan家와 의절하고 퇴학한다. 그 사이에 제2, 제3의 시집을 냈지만 세상의 인정을 받지 못했다. 1835년에 볼티모어의 숙모에게 의탁하고 잡지에 단편을 기고하기 시작했다. 큰 소용돌이에 말려든 범선에 타고 있는 사나이의 공포를 그린 「Ms. Found in a Bottle, 1833」이 현상 모집에 당선한 것을 계기로 1835년에 Southern Literary Messenger誌의 주필이 되었다. 뛰어난 저널리스트의 재능을 발휘한다. 포는 타고난 글재주를 살려서 괴이하고 독특한 탐정소설, 단편소설, 표류기 등을 창작하는 한편, 리듬의 미적 효과(美的效果)를 시에 살려서 무섭고 냉혹하고도 아름다운 시의 경지를 이룩했다. 1836년, 13세 아래의 종매(從妹)와 결혼했으나 그 때문에 음주의 나쁜

습성과 비타협적인 성격으로 인격 이상의 오명이 붙었다. 1837년 이후 여러 곳을 전전하면서 창작 생활을 이어 갔다.

1840년 「Tales of the Grotesque and Arabesque」를 출판하여 성공하고, 그 후에도 세계 최초의 탐정소설이라고 평하는 포의 추리소설(tales of ratiocination)의 첫 작품 「The Murders in the Rue Morgue」를 발표, 추리소설의 원조로 불린다. 1847년, 빈곤한 생활 속에서 병중인 부인을 잃고, 여러 명의 여인들과 교제하면서 술로 슬픔을 달랬는데, 만년에 걸작을 썼다. 1849년에 어릴 적 연인으로 미망인이 된 여성과 재회, 약혼을 했는데, 숙모를 결혼식에 모시기 위해 떠난 여행 중, 볼티모어의 술집에서 취하여 의식불명인 상태로 거리에서 발견, 4일 후에 영면했다.

포의 작품은 비평, 서정시, 단편소설의 장르로 구분된다. 어느 것이나 문학의 목적은 미(美)라는 예술지상주의 입장으로 일관한다. 시인으로서는 시의 효용에서 해방된 「pure poetry 순수시」를 주장한다. 애처의 추도시, Annabel Lee를 비롯하여, The Raven, To Helen, The Bells 등은 미의 운율의 극치를 이루고 있다고 평한다. 죽음, 공포 등을 주제로 하는 상상력의 세계에 음악적 효과를 나타내고, 환상성이 풍부한 극히 기교적, 탐미적인 서정시를 썼는데, 특이한 파멸성(破滅性)의 시인으로 생전에는 묵살되었으나 보들레르(C. P. Baudelaire) 등 프랑스의 상징파들이 좋아했다. 미국에서는 20세기에 들어서면서 평가를 받게 되었다.

1850년 사후에 발표된 「The Poetic Principle 시의 원리」에서, 지성이 진리를, 도덕이 의무를, 그리고 심미안이 美를 담당한다고 논하고, 아름다움에 대한 동경이 인간에게 불가결한 것이며, 그것을 충족시키는 것이 詩라고 말한다. 또한 시의 아름다움이 언어의 음향과 불가분임은, 금, 은, 철, 황동(놋쇠) 등 네 종류의 종소리가 들리는 듯한 「The Bells, 1849」, 망처를 그리워서 해변 왕국에 살고 있는 아름다운 소녀를 노래한 「Annabel Lee, 1849」 등의 음악적인 효과에서 뚜렷하게 나타나고 있다. 1845년의 「Tales」에는 노르웨이의 먼 바다의 유명한 큰 소용돌이에서 통에 몸을 묶고 빠져나와 목숨을 건진 어부의 공포 체험을 다룬 「A Descent into the Maelström」이 수록되어 있다. 포의 단편은 60편이 넘고 있다.

「To Helen」이라는 이 시는 학우의 어머니, 제인 스티드 스태나드(Jane S. Stanard) 부인을 사모하여 쓴 것이다. 14세 때에 부인을 만났었는데 폐병을 앓던 이 부인은 32세의 나이에 세상을 떠났다. 포는 그녀에게서 아름다운 이상적인 여성을 발견하고, 트로이(Troy) 전쟁의 장본인인 세계에서 가장 아름답다는 헬렌(Helen of Troy)의 모습을 발견한다. 8년 후에 명시 「To Helen」이라는 아름다운 시로 승화(昇華)했다. 그 뒤부터 일생 동안 포의 마음에서 그녀의 이름이 떠나지 않고 간직하게 되었다.

이 세상에서 가장 아름다운 것 셋. 만월(滿月), 잉태한 만삭(滿朔)의 여인, 그리고 바람을 담뿍 받은 만범(滿帆)의 돛배, 이 셋이 가장 아름답다고 한다. 이 세상에서 가장 아름다운 여인(스태나드 부인)을 아름다운 니케아의 범선에 비유하고 있는 점이 감명 깊고, 트로이의 헬렌을 되찾기 위해 연합 함선대가 출동했을 당시의 트로이 전쟁을

이 시의 행간(行間)에서 읽어 보면서, 바다라는 배경을 연상하게 되어 바다의 명시로 골랐다. 마노 램프를 들고 있는 헬렌의 모습은 프시케가 램프를 들고 큐핏(에로스)을 볼 때의 모습을 연상케 한다.

미(美)라는 예술지상주의 입장으로 일관하는 포의 시상(詩想)이 나타나고 있는 이 시와는 대조적으로, H.D.가 쓴 다음의 「Helen」이라는 시를 살펴봄으로써 Poe의 이 시를 더 깊이 이해하는 데 도움이 될 것이다.

호메로스의 서사시「일리아스」는 세 여신, 곧 헤라와 아테나와 아프로디테가 트로이의 왕자 파리스에게 와서 누가 가장 아름다운지를 판결해 달라는 장면에서 Troy전쟁이라는 사건이 시작된다(루벤스 그림 '파리스의 심판')

힐다 두리틀 *Hilda Doolittle* 프로필

Hilda Doolittle(1886~1961). 미국 시인, 필명은 H.D. 펜실베이니아의 Bethlehem에서 저명한 가정의 딸로 태어났다. 그녀가 15세 때 16세의 파운드(Ezra Pound, 1885~ 1972)를 만났다. 그들의 관계는 복잡했다. 1911년 유럽에 건너갔다.

일찍이 약혼자였던 파운드와 런던에서 재회하여 Pound와 함께 Imagism 운동에 참가했다. Imagism은 영국의 흄(Thomas Ernest Hulme, 1883~1917)의 시론(詩論)에 바탕을 두고 파운드가 주도한 영미시의 혁신운동으로, 짧은 자유시 속에서 이미지로 대치하는 것이 특징이다. 파운드를 따라 영국에서 H.D.는 여러 문학운동에서 활동했다. 그녀는 그리스 신화를 은유(隱喩)로 사용하고, 이미지즘 이념의 희소(稀小)한 결정화(結晶化)에 성공한다. 펜실베이니아대학의 천문학 교수인 부친 밑에서 젊은 시절부터 그리스 신화와 친근해졌다. 몽상적인 성격의 소유자인 그녀의 시풍(詩風)은 신비적이고, 그리스 신화에 대한 언급이 풍부하다. 이미지즘에 참가했을 때에도 현실을 벗어난 그리스的 이미지를 시 작품의 재료로 하였다. 1913년에 시인·소설가인 Richard Aldington과 결혼, 1917년에 이혼했다. 시집으로는 최초의 시집 「Sea Garden, 1916」, 「Hymen, 1921」, 「Heliodora and Other Poems, 1924」, 「The Walls Do Not Fall 3부작, 1944~1946」, 서사시풍의 최후의 시집「Helen in Egypt, 1961」, 1925년의 Collected Poems 등이 있다.

Homer의 Iliad와 Odessey는 서구(西歐) 세계의 문화와 문학의 기초적인 자원이다. 남부 그리스의 Sparta왕인 메넬라오스(Menelaus, Meneláos)의 궁전에 손님으로 온 Troy의 왕자 파리스(Paris)는 그의 호스트인 왕의 최고로 아름다운 왕비 헬렌(Helen, Hélène 헬레네)과 눈이 맞아 사랑에 빠졌는데, 파리스는 헬렌과 함께 Troy로 도망쳤다.(외관상으로는 눈이 맞아 헬렌의 동의하에 달아났다(carried off Troy, apparently with her consent)고 하나 <유괴했다(abducted her)>.

메넬라오스 왕과 다른 그리스 왕들은 헬렌을 되찾아오기 위해서 천 척의 연합함대를 띄워 전쟁을 개시했다. 10년 동안의 긴 전쟁 끝에 그리스가 승리하고 헬렌이 돌아왔다.

고대 그리스 시대부터 시인들은 이 이야기에 관심을 보여 왔다. H.D.는 특히 고전적인 그리스 신화에 관하여 정신 분석적이며 여권주의적인 해석에 관심을 가졌다. 종래 남성의 눈으로 본 트로이 전쟁의 역사에서 헬렌은 재앙의 원인 제공자로 규탄하고 있으나, 이 시에서 H.D.는 여성의 입장에서 헬렌을 다시 해석하고, 여성 멸시(misogyny)의 정체를 파헤치고 있다. 이 시의 작법은 이미지즘(Imagism)의 시법(詩法)처럼 표면상으로는 냉정하고, 객관적이다. 설명적인 말은 되도록 생략하고 있다. 그러나 말미의 (Greece) could love indeed the maid, / only if she were laid, / white ash amid funereal cypresses.(그녀가 죽음의 삼(杉)나무

사이에서 백회(白灰)가 되어 묻힌다면, 그리스 사람 모두가 그제야 그녀를 사랑하게 되겠지.)라는 간결한 평언(評言)으로 미소지니(misogyny)에 대한 시인의 격한 노여움을 읽을 수 있다.

헬렌에 대한 역사적 평가는 미소지니인가, 혹은 여성숭배인가, 이처럼 양분되어 있다. 수많은 낭만파적인 작품 중에서, 포의 「To Helen」은 후자의 입장인 시로 유명하다. 하긴 직접적으로는 이 시는 포의 학우의 아름다운 모친(Helen Stanard 부인)에게 바친 것이지만, 그리스 신화의 Helen of Troy와 연관되어 있다. H.D.의 시 「Helen」과 비교해 보면 흥미롭다.

H.D.의 시는 언어를 아주 짧게 줄이고, 쓸데없는 요소는 모두 생략하고 있다. 거기에는 순수한 사물에까지 환원된 언어의 매력이 있다. 실제 사물에 비추어 생각하는(卽物的인) 이미지로 신선함이 있다. 실로 이미지스트로서의 H.D.의 공적이다.

영국에서 결혼한 시인이요, 소설가인 남편과 이혼 후, 상심한 몸을 치유하기 위해서 동경해 왔던 그리스에 여행했다. 그곳에서 H.D.는 그리스 신화의 심층 심리면에서 여성과 남성 사이의 영원한 갈등을 찾아낸다. Helen, 이 시는 이러한 시도와 관련이 있다.

윌리엄 워즈워스 *William Wordsworth* 프로필

윌리엄 워즈워스(*William Wordsworth*, 1770~1850)는 영국 북서부의 호수 지방 The Lake District에서 태어났다. 영국의 낭만파를 대표하는 가장 빼어난 「자연시인」이다. Cumbria 주 Cockermouth 지방의 유력한 귀족인 고문 변호사의 5남매 중 둘째 아들이다. 일찍이 양친을 모두 잃었다. 아름다운 이 자연 속에서 보낸 유소년시대는 그 후 「자연시인」으로 성공하는 정신적인 소지가 되었다.

Hawkshead의 Grammar School을 마치고 백부들의 도움으로 1787년에 케임브리지 대학에 입학했다. 학업 외에도 독서, 산책, 여행 등을 통해서 자연과 친숙한 생활을 보냈다.

1790년 여름 학우와 함께 프랑스, 알프스 산맥, 이탈리아 등지에 도보여행을 하고, 다음 해 졸업 후 다시 홀로 프랑스에 건너가서 프랑스 혁명을 열렬히 지원하고, 체재 중에 프랑스 여성인 외과 의사의 딸 Annette Vallon과 사랑에 빠져 딸을 하나 두었다. 그러나 귀국 중 영불간 개전으로 사랑은 파탄에 이르고, 혁명도 테러로 변하면서 깊은 환멸을 느낀다. 이 위기에 그는 1795년부터 함께 살게 된 누동생 Dorothy(1771~1855)와 새로 지기지우가 된 콜리지(S.T. Coleridge)에 의존하면서 극복해 나간다. 1799년 호수지방 Grasmere의 Dove Cottage에 안주하고, 어릴 적부터 친구인 Mary Hutchinson과 결혼한다. 그동안 콜리지와는 깊은 교분을 쌓았다. 1798년에 두 시인의 공저 시집 「Lyrical Ballads(서정가요집)」를 발표했다. 콜리지의 「The Ancient Mariner」와 함께 자연과 인간의 혼의 교감을 노래한 「Tintern Abbey Lines」 등의 시를 포함한 23편이 수록된 이 시집으로 영국의 낭만주의(Romanticism) 시대가 본격적으로 열리게 된다.

그 후 1798~1799년, 콜리지와 뉘동생과 함께 독일 여행 중에 Goslar에서 쓴 Lucy Poems, Immortality Ode, The Solitary Reaper(보리 베는 처녀), Resolution and Independence(결의와 독립) 등, 많은 수작(秀作) 시들이 Poems in Two Volumes(1807)에 수록되었다. 자전적인 장시, The Prelude(序詩)쓰기에 착수하여 13권에 이르는 대작을 1805년에 완성했으나 사후 50년이 지나고 나서 간행되었다.

그 후에도 창작 의욕은 왕성해서 장대한 철학시 The Recluse(은둔자)의 제2부에 상당하는 장시 The Excursion(1814년, 逍遙)와 기타 단시 Sonnet 등도 발표했다.

이 시기 이후로는 사상과 작품에 보수성과 도덕성이 강화되고 종교적 색채도 나타났다. 작품의 내용은 하강해 가고 있기에 후배 시인들이 Lost Leader라고 불렀다.

1813년에 Rydal Mount에 이사하고 사회적 지위도 안정되었다. 연금도 받으면서 시인으로서 그 명성도 높아졌고, 1843년에 친구인 Robert Southey(1774~1843)의 뒤를 이어 계관시인이 되었다.

그의 생활의 신조는 「겸손하고 소박한 삶 humble and rustic life」이었으며 1850년에 영예로운 생을 마치니 향년 80세였다.

낭만주의는 18세기의 신고전주의가 놓친 자연에 대한 사랑과 상상력의 날갯짓을 회복한 것으로 이해하고 있다. 이와 같은 이해는 대체로 틀리지 않지만 완전한 것은 아니다.

Wordsworth's Dove Cottage

낭만파에게 「자연」이란 단지 푸른 숲의 살랑거림, 졸졸 흐르는 시냇물 소리를 뜻하는 것이 아니라, 우주와 인간으로 태어나면서 (naturally) 갖추게 되는 창조적인 힘을 가리킨다. 또 「상상력」이란 단지 들뜬 공상에 잠기거나 몰두하는 능력이 아니라, 인간의 혼이 그 창조적인 힘에 의해서 우주의 신비에 참여하는 능력을 가리킨다.

워즈워스를 「자연시인」이라고 부르는데, 아름다운 호수지구 The Lake District에서 출생한 것과 깊은 관계가 있을 것이다. 그러나 케임브리지 대학을 졸업한 후 그는 대혁명에 강한 사상적 공감을 나타내고 격동의 프랑스에 건너갔다. 낭만주의자의 또 하나의 측면이다.

혁명 후의 추이와 국제 정세의 변화는 그에게 깊은 환멸과 사상적 위기를 가져왔다. 이것을 극복할 수 있었던 것은 그가 고국의 산야에 돌아가서 그 자연을 매우 심오한 사상의 체계로 재 파악하는 고통에 가득 찬 체험을 겪고 난 뒤였다.

워즈워스의 「자연시」가 실은 「철학시」인 이유가 여기에 있다. 그리고 낭만주의에서는 인간이 본질적으로 사회적 존재(Social Being)라는 생각을 이제는 버리고, 형이상적(形而上的) 존재(metaphysical being)로 되돌아갔다는 인상을 준다는 것을 부정할 수 없다. 이러한 사상적 탈피의 체험에는 콜리지와 깊은 관련이 있다.

두 시인이 모두 케임브리 대학 출신이지만 재학 기간 중에는 서로 교분이 없었다. 친교를 맺게 된 것은 1795년, Bristol 부근에서였다. 워즈워스는 자기의 정신적 성장의 궤적을 재확인하기 위해서 자전적 장시 「序詩」(The Prelude) 쓰기에 착수했는데, 그의 서거 후 1850년에 출판되었을 때, 「어떤 시인의 정신의 성장」(“Growth of a Poet's Mind”)이라는 부제를 단 것은 적절한 일이었다.

1798년에 발표한 워즈워스와 콜리지의 공동 시집인 「서정가요집」(Lyrical Ballads)은 「서정성」이라는 특성(feature)을 강조한 점, 「Ballad」라는 소박한 민중시임을 명시한 점 등, 그 시집의 제명 자체가 낭만주의의 특색을 나타낸다. 그리고 시 하나하나의 내용을 보면, 이 두 시인이 종래의 시와 단절하고 새로운 문학 풍토를 구축하려고 시도했던 점을 발견할 수 있다.

워즈워스는 그 후 유명해진 「Lines Composed a Few Miles above Tintern Abbey」(틴턴 사원 상류에서 만들어진 노래)는 「철학시」적인 「자연시」의 전형을 보여주고 있다고 평한다.

「서정가요집」은 호평을 받지 못했다. 진정으로 혁신적인 것이 감수해야 하는 숙명이었을 것이다. 워즈워스는 굴하지 않고 제2판

(1800), 제3판(1802)에서는 시가 마땅히 지녀야 할 모습과 소신을 밝히면서 서문에서 「힘찬 감정의 자연 발생적인 넘쳐흐름」(the spontaneous overflow of powerful feelings)이 시라고 말하고 있다. 시의 언어는 「평범한 인간의 일상 언어」야 한다고 말한다.

이와 같이 워즈워스의 시는 이론적인 골격이 갖추어졌다. 그것은 어느 정도까지는 낭만주의 전체의 이론적 골격이라고 생각할 수 있다. 다만 이론이 똑바로 실천에 옮겨지는가의 여부는 별도의 문제인데, 워즈워스조차 「평범한 인간의 일상 언어」로 빼어난 시를 쓰는 데 꼭 성공하고 있지는 않다.

그는 끊임없이 사색과 창작을 계속했다. 그의 사상에 일관하고 있는 것은 자연에 대한 위경(畏敬)이 넘치는 일체감을 통해서 우주에 편재(遍在)하는 보편적인 생명을 감수(感受)하는 것이며, 이러한 보편성을 보통 사람들이 사용한 일상적인 평명한 언어로 시를 쓴 그의 창작 방법에도 나타난다. 또 그의 생애의 모토로 삼은 「plain living and high thinking」(평범한 생활 속에서 고매한 생각)에도 이어진다.

어쨌든 낭만파의 시인 중 그만이 다음 세대까지 살아남았다.

하트 크레인 Hart Crane
프로필

하트 크레인(*Hart Crane*, 1899~1932), Ohio주 Garrettsville에서 유복한 제과업자의 외아들로 태어났으나 양친의 불화로 가정적으로는 불행했다. 학교 생활에 적응을 못했다. 12세 때에 시를 쓰기 시작하여 17세에 잡지에 자작시를 발표할 정도로 조숙했다. 별거 생활을 하는 양친 사이에서 어머니를 따르게 되어 경제적으로 궁핍했고 정신적인 고통이 컸다. 크레인의 불안과 절망은 그 불행한 생애에서 생겼다고 할 것이다. 그는 여러 가지 일에 종사했으나 뜻대로 안되었다. 그래서 결국 음주생활에 빠지고 말았다. 1916년 뉴욕으로 가서 시 「C 33」의 출판을 계기로 詩作에 몸바치기로 결심한다.

모더니즘의 전성기에 詩作 경력을 쌓는다. 파운드(E. Pound)를 비롯한 이미지스트들의 작품과 엘리엇, 조이스 등의 작품을 읽고 감화되어 프랑스 세기말 상징파 시인들의 수법을 흡수하여 「At Melville's Tomb 멜빌의 무덤에서」, 「The Voyages 항해」 등의 수작을 남겼다. 1928년~1929년에 걸쳐 동경했던 파리에서 수개월 체재한다. 그는 낡은 상징시에 만족치 못하고 보다 현대적인 생활 풍경을 새로운 재즈(jazz) 리듬을 사용해서 표현해 보려고 시도한다. 그는 본질적으로 엘리엇의 비관주의에 대항하고 기계문명에서 오히려 적극적으로 미국의 신화를 찾아내는 낙관주의의 입장을 취한다.

1930년에 발표한 그의 필생의 대작, 「The Bridge」는 미래의 가교(架橋) 이미지로 미국의 「신념의 음절」을 소리 높이 노래한 기념비적 작품이다. 모더니즘과 토착성의 통합을 시도한 그의 대표작 「The Bridge」는 뉴욕의 Brooklyn Bridge의 이곳 저곳을 들르면서 미국의 과거의 국민적 영웅과 전설적인 인물을 상징적으로 묘사하면서 과거에 뿌리를 둔 현재와 미래를 웅장하게 전망해 보려는 국민적 서사시를 기도(企圖)한 것이었다. 기질적으로는 생활파산형(型)의 포(E.A. Poe)에 아주 가까운 시인이었고, 의지적으로는 휘트먼(W. Whitman)이 되고 싶어한 시인이었다. 기질적으로는 프랑스 세기말 시인의 염세와 권태에 탐닉하면서 의지적으로는 미국의 공업사회의 미래에 희망을 건다.

어떤 의미에서 그의 「분열」은 이미 미국의 문학적 동향이 모더니즘에서 「참가」의 시대에 역점(力点)이 옮겨 가고 있는 것의 예증(豫徵)일 수 있다. 요동하고, 불안정한 분열된 마음(divided mind)은 「참가」의 시대의 특징의 하나이고 문학의 주제이기도 했다. 크레인의 기묘한 이면성(二面性)의 융화를 위한 과감한 기도(企圖)가 고스란히 그의 시의 주제가 되었다. 미국 문화의 과거, 현재 그리고 미래를 하나의 유기적인 전체로 마무리하는 위대(偉大)한 미국의 서사시를 만들려는 것이 그의 꿈이었다. 크레인의 이면성은 유럽의 가치와 미국의 가치이든, 혹은 미국의 꿈과 현실이든, 또는 기계주의와 정신주의이든 간에 요는 그가 사고(思考)의 패턴으로 항상 그러한 이면적(二面的) 사이의 상극에서 괴로워했다는 점이고, 그 상극의 조화에 부심했다는 것이다. 최종적으로 광기(狂氣)와 자살을 쫓아가게 되고, 음주와 동성애 버릇의 파멸형 생활을 한다.

현대의 문명사회에서는 인간은 결국 고독하고 불행하다는 것을 크레인은 직관적으로 잘 알고 있었기에, 그 불안과 절망의 근원인 기계문명을 노래했다. 그러나 그는 불안과 절망 대신에 수용과 찬미를 하였다.

1932년, 크레인은 멕시코시티의 교외에서 시상(詩想)이 떠올라서 쓴 「The Broken Tower」 한 편의 시를 정리해서 문학인 친구에게 보내고 그 비평을 바랐으나 반응을 얻지 못했다. 1931년 장학금을 받게 된 그는 멕시코에 건너갔으나 그의 생활의 파탄은 더욱 커갈 뿐이었다. 이듬해 4월 멕시코에서 미국으로 항해 중, 아바나 근처 카리브 해(The Caribbean Sea)에서 바닷속에 투신, 음주와 동성애의 파멸적인 기질과 휘트먼적인 기계시대의 미래를 믿는 의지와의 사이에서 「분열」하는 미국의 상징주의 시인 크레인은 비극적인 생애를 마감했다. 때는 나이 33세. 그는 기계문명의 예찬자였다.

앨저넌 찰스 스윈번 *Algernon Charles Swinburne* 프로필

앨저넌 찰스 스윈번(Algernon Charles Swinburne, 1837~1919). 시인, 비평가, Northumbria의 구가(舊家) 출신. 유소년시대의 대부분을

Wight섬에서 지냈다. 여기에서 훗날 그의 시작품에 자주 나오는 「바다」에 대한 호기심을 키웠다. 1849년 Eton 학교에 입학, Oxford대학 중퇴. 영국문학뿐만 아니라 프랑스 어, 이탈리아 어를 독학하고 대륙문학에도 널리 친숙했다. Oxford대학시절에 알게 된 D.G. Rossetti, 라파엘 前派의 그룹과 친했다.

라파엘 前派는 1848년 9월에 런던에서 D.G. Rossetti, W.H. Hunt, J.E. Millais 등이 결성한 미술혁신 운동 그룹이다. 그들의 주장은 기본적으로 동시대의 영국 회화의 진부함, 라파엘(Raffaello Santi, 1483~1520, 이탈리아 화가) 이래 서양미술을 지배해 온 아카데믹한 관습적 표현에 대한 반항운동이다. 그래서 라파엘 이전에 활약한 특히 성서와 중세 화가들의 작품에서 영원감(靈源感)을 구했다. 세기말까지 영국에서 가장 중요한 회화혁신운동으로 널리 인정받았다. 라파엘 전의 청신한 화풍을 이상으로 하여 시작된 유미주의 운동으로 자연묘사에 관심을 표했다. 시대의 합리주의적, 과학주의적 경향에서 초연(超然)했다.

스윈번은 아버지가 제독이고, 어머니는 백작의 딸이다. 자유적인 낭만주의자였다. 뛰어난 재능을 타고 난 그는 관능적으로 유려한 운율을 추구하는 시인이었다. 그리스 고전극을 모방한 시극(詩劇)인 「Atlanta in Calydon [kæljdən], 1865」은 운율의 아름다움과 유려한 시재(詩才)로 명성을 얻은 출세작이다. 그러나 그의 시풍(詩風)은 그 내용이나 표현이 빅토리아 왕조시대의 시민 계급의 평범하고 짐짓 점잔 빼는 도덕주의에 거슬리는 것이었다. 사디즘, 마조히즘부터 근친 상애(相愛) 감정까지 온갖 성적 터부를 이교적(비그리스도교적) 쾌락주의를 농후하게 수용하고 있었기 때문에 「Poems and Ballads 1866, 1878」가 출판되었을 때 세상의 격분을 샀다.

세기말의 작가는 현자(賢者)요, 예언자였다. 그러기에 낭만주의시대를 경계로 미움을 받는 역할을 하는 시인이 많았다. 그중에서 스윈번은 희희낙락하며 미움 받는 역할을 했다.

"Poems and Ballads" 제1집은 대담한 관능적 표현과 인습 공격 때문에 물의를 일으켰으나, 블레이크(W. Blake)의 가치를 정당하게 평가한 최초의 비평가의 한 사람이었고, Sade, Baudelaire, Wagner 등의 데카당(decadence) 운동을 열심히 소개했다. 빅토리아 왕조시대의 귀족 계급의 퇴폐생활을 그린 두 권의 서간체 소설 Love's Cross Currents(1905), Lesbia Bradon(1952)의 저자인 그는 세기말의 Pater, Wilde 등 문인에게 끼친 영향이 적지 않다.

크리스티너 조지너 로세티 *Christina Georgina Rossetti* 프로필

크리스티너 조지너 로세티(Christina Georgina Rossetti, 1830~1894) 여성시인, 화가인 D.G. Rossetti의 뉘동생, 유소기부터 병약하고 종교적 절제와 고독 속에서 일생을 독신으로 보냈다. 영국 국교회의 신자로 종교적 성향의 청초하며 주관적, 내성적(內省的)인 서정시를 잘 썼다. 라파엘前派운동에 공감하고 기관지 The Germ에 The Dreams 등의 시를 발표했다. 동요풍의 이야기 시, Goblin Market and Other Poems(요정의 시장과 기타 시, 1862), 동요집 Sing-Song (1872) 등을 출판했다. 그 밖에 잘 알려진 Uphill, A Birthday 등의 시를 남겼다. George Saintsbury(1845~1933)는 「영국 여성 중 詩才에서 로세티를 능가하는 시인은 없다」고 평한다. Elizabeth Barret Browning과 더불어 빅토리아 여왕 시대의 영시단(英詩壇)에서 최대의 여성시인으로 쌍벽을 이룬다. 가끔 D. G. Rossetti의 인물화 모델이 되기도 했다. 「Who has seen the wind?」, 「Boats sail on the river」 등이 교과서에 많이 실리고 있다. 신앙으로 인도된 그녀의 맑은 생애는 초화(草花)처럼 가련하고 아침 이슬처럼 영롱하고 아름답다.

로버트 루이스 스티븐슨 *Robert Louis Stevenson* 프로필

로버트 루이스 스티븐슨(Robert Louis Stevenson, 1850~1894) 스코틀랜드 출신 소설가, 시인. 에든버러(Edinburgh)의 저명한 토목공학 기사의 집안에서 태어났다. 가업은 등대기사. 에든버러 대학에서 기계공학을 공부하다 건강상의 이유로 학업을 중단하고, 부모의 권유로 다시 법학을 공부하여 1872년 26세에 변호사 자격을 취

득했으나, 개업하지 않고 결국 좋아하는 문학의 길을 택했다. 평론, 단편소설, 수필, 여행기 등의 분야에서 영문학의 첫째가는 대작가가 되었다. 유소년기부터 병약하고 섬세한 체질이 그의 인생에 큰 영향을 미쳤지만 그의 행동 범위는 넓고, 창작 분야도 다방면에 이른다. 그는 바다의 부름(sea call)에 따랐다. 조상 전래의 바다에 대한 사랑을 이어 받아 온화하고 햇볕 쪼이는 곳을 찾아 세계 여행을 떠나 마침내 사모아(Samoa)에서 4년 살다가 그곳에서 서거했다.

초기의 작품은 프랑스, 벨기에 기행문 An Island Voyage(1878), 스페인 도보 여행기 Travels with a Donkey 등이 대표적이다. 평론집으로 Virginibus Puerisque(젊은이들을 위하여, 1881), Familiar Studies of Men and Books(1882) 등이 있다. New Arabian Nights (1882)와 그 밖에 많은 단편 작품을 잡지에 발표했다.

작가로서 인기가 높아지고 성공을 거두게 된 것은 소년모험소설 「Treasure Island 보물섬」을 발표한 1883년부터의 일이다. 아동문학의 역사에 빛나는 불멸의 이름을 남기었다. 스티븐슨은 시적 능력도 풍부해서 아동 시집 A Child's Garden of Verses(1885)는 널리 알려지고 있는 영원한 베스트셀러이다. 작자의 유모에게 바친 이 시집은 유년시절을 돌아보며 그리워하는 독자들에게 큰 사랑을 받고 있다. 이 시집은 번머스(Bournmouth)에 체재 중에 쓴 작품으로 이곳은 유모와 함께 휴양차 지낸 해안이었고, 또한 어린 시절을 추억하면서 즐긴 곳이기도 하다. 이 시집은 어린이의 공상의 세계, 어린이의 즐거운 감정의 세계를 그린 동요로 매우 훌륭한 걸작 시집이다. 그 밖에도 서거 후에 출판된 시집 Songs of Travel(1896)이 있다.

단편소설 The Strange Case of Dr. Jekyll and Mr. Hyde(지킬 박사와 하이드 씨, 1886)는 이상심리(異常心理)를 날카롭게 지적한 공포파 작가의 명성을 굳혔다. 인격의 이면성(二面性)이라는 인간의 영원하고 보편적인 문제를 다루고 있다. 스코틀랜드 역사에서 제목을 얻은 모험 이야기, Kidnapped(1886)과 The Master of Ballantrae (1889)도 오싹하게 하는 이야기로 의미 심장한 인물의 내적 관계, 심리적 통찰이라는 공통적인 특색이 있다.

1880년에 프랑스에서 사귄 미국인 여성과 결혼하여 미국에 이주했다. 일시적으로 스코틀랜드에 돌아오기도 하고 번머스에 체재하기도 했으나, 오랜 세월 폐결핵으로 고생하면서 온난한 기후 풍토를 찾아 세계 각지를 방황하는 생활을 보낸다. 1890년 남태평양에 휴가 여행을 떠나 도중에 들른 Samoa 군도가 마음에 들어 Upola 섬에 정주했다. 토착민들이 Tusitala(Teller of Tales)라고 불렀다. 그곳 Vailima莊에서 서거했다. 걸작으로 평판이 높은 미완성 소설 Weir Hermiston을 남겼다.

그는 가난하게 살았으며, 광산촌의 캠프에 있는 자기 집은 「아침에 새가 노래하고, 밤에는 별빛 비추는 (bird-song at morning and star-shines at night) 집으로 생각하고 늘 밝고 맑은 삶을 누렸다. 그는 병약한 몸을 돌보면서 마음은 기교 넘치는 이야기의 세계에서 노닌 재능이 있는, 영문학에서 첫째 가는 문인이었다.」

라빈드라나트 타고르 *Rabindranath Tagore* 프로필

라빈드라나트 타고르(*Rabindranath Tagore*, 1861~1941).

구 인도·벵골(Bengal)의 시인, 사상가, 캘커타(Calcutta)의 명문가 출신. 1878년~1880년에 영국에 유학하여 서구 문화에 눈이 뜨고, 일찍이 시를 쓰기 시작했다. 귀국 후 신비주의 체험을 바탕으로 벵골 어로 자연과 사랑 등을 주제로 서정시를 쓰면서 벵골 문학 부흥에 힘쓰고 교육, 사회개혁, 민족운동에도 적극적으로 참여했다. 1910년에 종교적 열정이 넘치는 사상소설 Gora와 자유시집 Geetanjali(영역 1912년)를 발표했다. 1913년에 노벨 문학상을 수상했다. 독창적인 시와 장·단편소설, 희곡 등을 계속해서 발표하고 영역판으로 세계적인 평가를 더욱 높였다. Ghandi와 함께 인도 독립운동의 정신적 지주가 되어 동서 문명의 융화에 노력했다.

1929년에 타고르가 일본을 방문했을 때, 한국의 동아일보 기자가 한국 방문을 청하자 그에 응하지 못함을 미안하게 생각하여 다음과 같은 시를 기고하였다.

라드여드 키플링 *Rudyard Kipling* 프로필

라드여드 키플링((Joseph) Rudyard Kipling, 1865~1936) 시인, 소설가, 특히 단편소설이 뛰어났다. 식민지 시대에 Bombay에서 태어났다. Devon 주의 Westward Ho!에서 교육을 받았는데, 그 학교생활은 School Story의 고전이라고 할 Stalky and Co. (1899)에 흥미있게 활용되고 있다. 1882년~1889년 인도에서 기자로 활동하는 한편 많은 단편소설을 썼다. Anglo-Indian 사회의 여러 면을 예리하게 관찰하여 파헤친 Plain Tales from the Hills(1888), Soldiers Three (1890) 등의 단편집으로 일약 각광을 받았다.

1889년에 런던으로 돌아와 소설 The Light that Failed(1890), 유명한 병영 속요집(兵營俗謠集) Barrack-Room Bullads(1892)를 발표했다. 1892년~1899년 미국 여성과 결혼하여 미국으로 이주했다. 그 사이에 걸작 모험 이야기 The Jungle Book 두 권(1894, 1895)을 출판하여 베스트셀러 작가의 지위를 확보했다. 그 후에 영국으로 돌아와 Sussex에서 살았다. 그곳에서 쓴 Kim(1901)은 최고 걸작으로 평한다. Puck of Pook's Hill(1906), Rewards and Fairies(1910) 등 역작을 계속해서 출간하고, 최후의 단편집 Debits and Credits(1926)와 Limits and Renewals(1932)를 내기까지 완성도에서 조금도 쇠퇴하지 않았다. 인도 관련의 주제 이외에도 다종 다양한 영역을 개척했다. 특히 군대, 학교 등의 집단 생활을 희극적으로 생생하게 그렸다.

시인으로 남긴 업적도 무시할 수 없다. 그의 시 「If」(Rewards and Fairies에서)는 인기 투표에서 항상 상위를 차지했다. 그의 세계는 식민지시대의 제국주의적인 색채를 띠고 있지만 다양성과 깊이가 있다. Englishness(영국적인 특징, 영국다움)를 이해하는 데 반드시 읽어야 할 자료이지만 외국인에게는 읽기 어려운 면이 있다.

1907년 노벨 문학상을 받았다.

인도 태생인 키플링은 마치 해풍(海風)처럼 영국 문단을 휩쓸었다. 6세에 영국에 건너가서 공부했다. 42세에 노벨 문학상 수상. 시인, 작가. 작품으로는 「The Jungle Book」, 「Barrack Room Ballads」 등이 유명하고 1896년에 낸 「The Seven Seas」라는 표제의 유명한 시집이 있다.

여기에 선정한 시 「The Liner She's a Lady」는 1894년 작품이다. 1894년이라고 하면 당시의 세계 무역의 무대였던 북대서양 항로는 유럽의 이민을 수송하기 위해 매우 붐비고 있었고, 따라서 정기선(Liner)이 그 기능을 크게 발휘하고, 부정기선(Tramper)과는 뚜렷한 구별을 하고 있던 때였다. 이 시대에 세계 해운국가 중에서 정기선이 가장 발달하고 있었던 영국에서 이와 같은 Kipling의 서민적 사상을 보게 된다. 이 시에서는 정기선은 귀부인 또는 유한 마담 즉, 무용지물로 취급하고, 정말로 국가와 민족의 이익에 보탬을 주는 것은 끊임없이 비바람 속에서 위험을 무릅쓰고 새까맣게 더럽혀진 초라한 생활을 보내는 화물선이라고 하는 특정 계급에 대한 비판적인 의견이 보이고 있다.

이 시에서는 모음 앞의 「h」를 일부러 생략하고 있는 것도 서민(庶民, vulgar)이 부르는 노래로 지은 것임을 말해 준다.

찰즈 킹즐리 *Charles Kingsley*
프로필

찰즈 킹즐리(Charles Kingsley, 1819~1875). 영국 소설가, 시인, 목사, 농촌 문제 중심의 작품을 많이 썼다.

Devon주 Holne의 부유한 부목사(副牧師)의 아들로 태어났다. 1831년 런던으로 이사했다. 케임브리지의 Magdalene College를 우수한 성적으로 졸업, Hampshire의 Eversley의 부목사가 되었다.(1844년)

시극(詩劇) The Saint's Tragedy(1848)를 발표하고 Christian Socialism 운동의 지도자, Maurice를 알게 되면서, 그 영향을 받아 사상활동과 저작을 하게 되었다.

Christian Socialism(기독교 사회주의)은 1848년의 Chartism(인민헌장 운동, People's Charter)에 호응해서 노동자 계급과 적극적으로 접촉할 것을 주장한 국교회(國教會)내의 개혁운동으로 Maurice, Kingsley, Thomas Hughes 등이 중심이 되어 Thomas Carlyle의 사상적 영향을 받아 밀(J. S. Mill) 등의 자유방임주의를 비판하고, 노동자를 위한 협동조합운동과 Working Men's College의 설립(1854) 등의 활동을 했다.

기독교의 윤리를 사회문제에 적용해서 강건한 투사적(鬪士的)인 Protestantism(新教)를 주장했다.(근육적 기독교 muscular Christianity 라고 부른다.)

사회문제소설 Yeast(1848), 급진적인 시인의 이야기 Alton Locke (1850) 외에 초기 기독교의 갈등을 그린 Hypatia(1853), Drake 시대를 다룬 Westward Ho!(1855), 노르만 정복 당시를 다룬 Hereward the Wake(1866) 등의 역사소설, 어린이의 읽을거리 The Heroes (1856), The Water-Babies(1863) 등을 저술해서 사회사상에 큰 영향을 미쳤다.

폴린 스테이너 *Pauline Stainer* **프로필**

폴린 스테이너(1941~). 영국 Stoke-on-Trent에서 태어남. Oxford 대학에서 영문학을 전공. 정신병원, 술집(pub), 도서관 등에서 근무. The Honeycomb(1989, 최초의 시집), Sighting the Slave Ship(1992), The Ice-pilot Speaks(1994) 등의 시집이 있다.

영국 시인 Stainer는 역사와 압제(壓制)에 대하여 관심을 보인다. 이 시는 처음에는 언뜻 보기에 정치적 또는 역사적인 내용을 담지 않은 것처럼 보이지만, 이러한 의문은 시의 내면에서 또는 선내에서 해답을 얻을 수 있다. 마지막 연(stanza)에서 시인은 여행 중인 그 배에 노예 화물(a cargo of slaves)을 싣고 있다는 것을 보여주고 있기 때문이다. 노예는 보이지 않는다. 그러나 배가 균형을 유지하기 위해서 가볍게 흔들리는 것을 느낀다.(바다는 잠잠해졌는데도 흔들린다.) 이것은 불유쾌한 기분이 든다. 특히 이 시는 심리적이고 매력적이므로 'beautiful'이라고까지 말할지도 모르는데 말이다.

그러나 불길한 일은 눈에 보이는 표면 아래에서 일어나고 있다. Stainer는 우리가 보지 못하는 것의 중요성을 보여 준다. 즉 시에서 보이지 않는 것이 가장 중요한 것이다.(노예 자신들의 존재 근거나 존재하는 이유 같은 것).

이 시에서는 아마 18세기경의 영국 선원이 이야기를 하고 있는 것 같다. 그 당시 노예 무역이 번창했으니까. 선원들은 (갑판에서 예배를 드리고 있는 것으로 보아) 기독교도들이다. 그들은 잔인하고 비인간적인 사업에 관련되고 있다. 이 단시(短詩)에서 시인은 일면의 역사 이상의 것이 언제나 존재한다고 생각하고 있다. 즉, 공적인 역사가 있는가 하면, 그 밖에 숨겨진 또 하나의 다른 역사가 있다. 그런데, 숨겨진 그 역사를 밝히는 자는 누구인가.

토머스 어네스트 흄 *Thomas Ernest Hulme* 프로필

토머스 어네스트 흄(*Thomas Ernest Hulme*, 1883~1917) 영국의 시인, 비평가, 철학자, 케임브리지 대학 출신. 주간 문예지 *The New Age*에 베르그송(*Henri Bergson*, 1859~1941, 프랑스 철학자) 작품의 번역이나 문학·철학에 관한 논문, 시 등을 기고했다.

1915년에 출정(出征), 1917년에 전사, 생전에는 Pound의 Ripostes (1912)에 시와 산문이 채록(採錄)되었다. 1924년에 H. Read(1893~1968)가 유고집 Speculations를 편집해서 출판했다.

특히 그의 작품 Romanticism and Classicism에서 낭만주의 진보사상, 르네상스 이후의 Humanism과 여기에서 생겨난 예술 등을 부정하고, Imagism과 Modernism의 이론적인 지주가 되었다.

사상주의(寫像主義, Imagism) 운동의 지도자.

Imagism : Hulme의 시론(詩論)에 바탕을 두고 Pound가 주도한 영미시의 혁신운동. 짧은 자유시(free verse) 속에서 image를 대치(對置)시키는 것이 특징.

칼 샌드버그 *Carl Sandburg*
프로필

미국의 문화적 중심은 전통적으로 New England와 중부 대서양 지역을 포함하는 「東部」였으나 남북전쟁을 전후해서 개척이 확대된 五大湖 남쪽의 「中西部」와 「西部」에 관심이 집중하게 되었다. 그중에서도 중서부는 19세기말부터 20세기에 걸쳐서 곡창지대와 자동차 산업의 중심지로 번영하고, 시카고는 급속한 산업발달의 중심도시가 되었다. 도시화에 따르는 노동문제, 농촌인구의 유출문제, 나아가서 대량생산과 교통의 발달로 획일화된 미국 문화, 시골 마을의 독선적인 폐쇄성 등, 사회와 문화의 문제를 안고 있는 이 지역은 문학적 소재를 많이 품고 있었다. 이것이 시카고 르네상스 탄생의 배경이다.

먼로(Harriet Monroe, 1860~1936)가 Poetry誌를 발간한 1912년을 하나의 계기로 그 근거지였던 Chicago를 中心으로 하나의 문학적 기운이 팽배(澎湃)하며 고조되었다. 이것을 「Chicago Renaissance」라고 부르며, Dreiser, Anderson과 더불어 시인으로는 E. L. Masters (1869~1950), V. Lindsay(1879~1931), Carl Sandburg를 들고 있다. 이들을 Chicago Group이라고 부른다.

이 잡지를 통해서 먼로는 런던에 있는 Ezra Pound와 연락을 취하며 코스모포리터 的인 신시운동을 일으키는 한편, Sandburg 등이 쓴 중서부 토착(土着)의 활기있는 구어적 표현(口語的 表現)의 리듬을 도입한 자연주의적인 현실 묘사의 시를 지지했다.

이러한 시풍(詩風)은 미국의 육성(肉聲)을 표현한 것으로 한 시기를 풍미하면서 미국 현대시 발전에 크게 기여했다.

칼 샌드버그(1878~1967)는 스웨덴系 이민의 아들로 Illinois 주 Galesburg에서 태어났다. 직업을 전전하다 최종적으로 Chicago Daily News의 편집기자를 지낸 후 시인의 경력을 쌓았다. 1914년 Poetry 誌에 몇 편의 시를 발표한 것을 계기로 2년 후 1916년에 시집 Chicago Poems를 출판하면서 그의 명성은 확고해졌다.

시카고 그룹의 대표시인으로 만든 것은 「Poetry」誌의 상을 받은 「Chicago」 등을 수록한 「시카고 시집, Chicago Poems」였다.

휘트먼에 이어서 구어(口語), 속어(俗語)를 사용해서 시카고와 민중을 노래하는 시, 전쟁시, 안개, 바람 등을 노래한 자연시를 자유시형으로 발표했다.

> 「Hog Butcher for the World,
> Tool Maker, Stacker of Wheat,
> Player with Railroads and Nations Freight Handler…」

라고 소리를 질러 부르면서 시작하는 「Chicago」 시편이 그 대표작이다. 샌드버그 특유의 강한 악센트, 더욱이 막힘 없는 요설체(饒舌體)의 리듬에 대한 문학적 영향의 의논(議論)은 거의 무용하다. 그의 시에는 중서부 대도시의 말투를 그대로 반영하고 있다. 또한 그 이상으로 「Teletype가 대도시의 신문사 데스크에 뉴스를 전달하는 것과 같은 긴박성, 그와 같은 생생한 수사법(rhetoric)으로 자주 그와 같은 스피드」를 나타내고 있다고 평한다.

샌드버그는 사회주의적 인도주의에 입각한 민중시인이었다. 그는 또한 링컨 대통령의 연구자로 잘 알려 있다. 링컨 전(傳) 6권을 완성하여 퓰리처 역사상을 받았다.

윌리엄 버틀러 예이츠 *William Butler Yeats* 프로필

윌리엄 버틀러 예이츠(*William Butler Yeats*, 1865~1939). 시인, 극작가. 초상 화가 John Butler Yeats의 장남으로 Dublin 근처 Sandymount에서 탄생. Ireland의 민족정신 앙양과 문예부흥에 진력한 상징주의 시인. 노벨 문학상을 수상한 20세기 최대의 영시인(英詩人).

동생 Jack Yeats는 고명한 화가. 아버지의 영향을 받아 화가의 길을 택하였으나 21세에 문학으로 전향하여 시와 산문을 쓰기 시작했다. 인생과 예술은 떼려야 뗄 수 없는 관계라는 것을 부친이 가르쳐 주었다. Dublin의 미술학교 시대의 친구 G. W. Russell(AE의 필명으로 알려짐)의 권유로 서구의 신비주의와 심령술, Occultism에 많은 흥미를 갖게 되면서 아일랜드 신화와 민화, 전설 등의 수집에 정력을 쏟았고, Celtic Renaissance(켈트 부흥)의 중심 인물이 되었다.

The Celtic Twilight(1893)는 그 대표작이다. 아일랜드의 민족자결주의 운동에 깊은 관심을 가졌다. 1889년부터 13년간 사랑하며 구혼을 해 온 열렬한 민족자결주의자, Maud Gonne이 1903년에 John MacBride 소령과 결혼하면서 큰 충격을 받고 얼마 동안 정치운동을 멀리했으나, 정치에 대한 관심은 남아 있었다. 1916년의 부활제 반란 사건 Easter Rising을 다룬 Easter(1916)를 포함한 시집 Michael Robartes and the Dancer(1921)는 현실과 몽상 사이에서 고민하는 시인의 모습을 생생하게 보여 준다. 1917년에 Georgie Hyde- Lees와 결혼, 영(靈)을 불러 드리거나 자동속기의 특기를 가진 부인의 협력으로 Occultism에 관한 책, A Vision(1925)을 완성했다. 여기에 전개된 상징체계는 후기의 시에 깊이 각인(刻印)되었다. 1922년부터 28년까지 Ireland의 상원의원으로 활동했고, 23년에 노벨 문학상을 받았다. 동양 사상과 예술에도 깊은 관심을 갖고, 극작품에서 능란한 솜씨를 보여 주고 있다. At Hawk's Well(1917), Calvary(1921), Purgatory (1939) 등이 유명하다. 아일랜드뿐만 아니라, 영어로 쓰는 20세기 최대의 시인이었다. 혼(魂)의 고향에 대한 깊은 동경을 읊은 그의 시 The Lake Isle of Innisfree는 가장 유명하다.

그의 작품(시, 희곡)에서 또는 현실적인 생활에서도 조국의 풍토, 정치, 신화, 감수성에서 벗어난 일이 없었다. 런던으로 가서 세기말의 시인들과 교류하면서 많은 시를 썼다. 그 후 미(美)가 갖는 깊은 의미의 탐구에 몰두하고, 인간의 현실을 더 깊이 응시하게 되었다.

노년에 이르면서 生과 性이라는 시간적인 것을 초월해서 어떤 형

태의 영원적인 것을 강하게 탐구한다. Byzantium(지금의 이스탄불)이 그 상징으로 그의 마음에 떠올랐다. 시집 「The Tower 1928」에 수록된 Sailing to Byzantium에 이어서 1930년에 쓴 Byzantium이 The Winding Stair and Other Poems(1933)에 수록되었다. 피비린내 나는 인간적인 것으로부터 이탈하고 싶거나 해탈하고 싶어하는 작가의 강한 의식을 보여준다.

메리엔 무어 *Marianne Moore* 프로필

1887년 St. Louis에서 태어난 여성시인. Bryn Mawn College에서 H.D.와 동급생으로 수학했다. 뉴욕에 살면서 늘 새로운 제재(題材), 리듬, 음운을 추구하고 지성과 위트로 경직하고, 명석하며, 냉정하고 정확하며, 리얼한 이미지를 사용했다.

1910년대 런던에서 일어난 이미지즘(Imagism)운동의 미국 측 공헌자는 Ezra Pound(1885~1972)인데, H.D., Amy Lowell(1874~1925), Wallace Stevens(1879~1955), William Carlos Williams(1883~1963) 등이 선구자이며 M. Moore도 그중 한 사람이다.

1920년에 창간된 미국의 전위적(前衛的) 잡지, 「The Dial」의 편집자(1925~1929)로서 모더니즘의 역사에 크게 공헌했다. 현대시의 발전에 기여한 두 사람의 여성시인, H.D.와 무어가 같은 대학에 재학한 동급생이었다는 것은 기이한 우연이라고 할 수 있다. 두 사람은 1915년경부터 Wallace Stevens, W.C. Williams 등과 함께 詩誌 Others에 시를 발표하기 시작하면서 The Egoist誌, Poetry誌에도 발표하고 있었는데, 무어는 본디 과작(寡作)이어서 1921년까지는 시집을 내지 않았다. 1924년에 「Observations, 관찰」이 출판되었다.

여기에 수록한 시, The Grave도 휘트먼의 「As I Ebb'd with the Oceans of Life, 나는 생명의 바다와 더불어 썰물이 되었다」와 같은 주관적인 내용의 서정시와는 다르게, 바다를 냉정한 객관적인 눈으로 다루고 있다. 이미지스틱(imagistic)한 경향이 강하다. 무어는 예이츠(Yeats)의 말처럼 「상상의 사실주의자('literalists of the imagination')」가 되지 않으면 안되었고, 「상상의 정원에 실제로 개구리가 제시되어야 한다」고 그녀는 설득한다.('Poetry 誌') 그리고 시의 소재는 시적인 것에 한정하는 것에 반대하고 시와 산문의 구별을 두지 않았다. 그 결과 Tolstoi가 시에서 제외한 「상거래의 서류와 교과서」의 문장까지도 詩가 된다는 점을 인정했다. 따라서 그녀의 작품은 行이 나뉘어 있긴 하지만 散文과 같은 리듬에 기초를 두고 있다. 이와 같은 대담한 스타일은 미국 시(美國詩)가 아니면 대할 수 없는 변혁일 것이다. 영국시인 W.H. 오든은 그녀의 시를 처음으로 읽었을 때에는 '전혀 알 수 없었다'고 고백하고 있다. 그것은 「운율이 들리지 않기」 때문이다. 음절의 강약이나 압운(押韻)을 무시하고 음절(syllable)의 수만을 중시한 음수율(音數律)의 그녀의 시는 영국인에게는 익숙하지 않다.

젊은 시인·소설가와 결혼했다. 상처를 받아 불안과 고뇌 속에서 생애를 보낸 H.D.와는 다르게 무어의 생애는 공공도서관의 사서, 詩誌의 편집자, 그리고 詩作에 헌신하는 것과 같은 검소한 생활로 일관했다.

무어의 깨어있는 지성과 높은 기교 때문에 일찍이 미국 시단(詩壇)의 인정을 받았고, 그 명성은 만년까지 지속되었다. 1947년에 National Institute of Arts and Letters 회원으로 선임되고, 시집 Collected Poems(1951)로 1953년 Pulitzer상, 全美도서상 등을 받았다. T.S. 엘리엇이나 스티븐스와 같은 미국의 시인뿐만 아니라, 영국의 시인 W.H. 오든도 무어의 詩法을 높이 평가했다.

우리는 「바다」를 말할 때, 어딘가 막연한 향수를 느낀다. 그런데 이것은 프랑스 시인 보들레르(Charles Baudelaire, 1821~1867)이래 보헤미아니즘(Bohemianism)의 낭만파적인 시정(詩情)의 감화에 의한 것이다. 오늘의 시인들은 바다라는 동일한 주제에 대해서도 전연(全然) 다른 새로운 느낌을 보여 준다. 그 한 예로 이 한 편의 시를 들 수 있다.

바다에 관한 종래의 낭만적인 환상은 일체 부정하고 있다. 현대인으로서 무어의 의식에 반영된 바다는 「바다인 자연」이라는 이미지와는 전혀 거리가 멀다. 「차가운 객관적인 바다」이고, 인간은 거기에서 소외되고 있다.

여성시인 무어는 바다를 인간을 침몰시키는 「파 놓은 무덤」이라고 생각하고 있다. 본질적으로 바다는 「탐욕한 표정을 가진 수집가」이면서 동시에 「등대의 고동이나 타종 부표의 소음(騷音) 아래에서 어떤 위험한 의지도 갖고 있지 않은 것처럼 아름답게 꾸미고 있다.」 이 자연과 인간의 관계는 엄한 대립을 바탕으로 다만 인간의 무지 때문에 그 현실을 가끔 경시하고 있는 것에 불과하다.

어선과 바다의 이미지는 실로 한폭의 우의화(寓意畵)와 같다. 인간은 바다가 죽음의 무덤인 것을 잊은 채 평화로이 어망을 내리고 바다와 해롱댄다. 그러나 반면에 무의식적으로 불안에 쫓겨서 「물거미의 발처럼」 노를 빠르게 저으며 수면에서 사라져 간다.—이 아름답고 예리한 이미지에서 무어의 인생 성찰(人生省察)의 적확(的確)함이 유감없이 묘사되고 있다. 시각적 상징적 이미지를 중시하는 이미지즘(Imagism)의 선구자답다.

an emerald turkey-foot(에메랄드 빛깔의 칠면조 발)는 전나무의 잔가지 잎의 형상을 비유하고 있고, to return a rapricious look(탐욕한 표정을 돌려 주는)는 첫머리의 「바다의 경치를 바라보는 것을 탐내어서 가로채려는」 표정을 언급한다. 바다도 역시 인간의 생명을 빼앗아 가려고 하고 있으니까.

선원의 시
Voices from the Sea

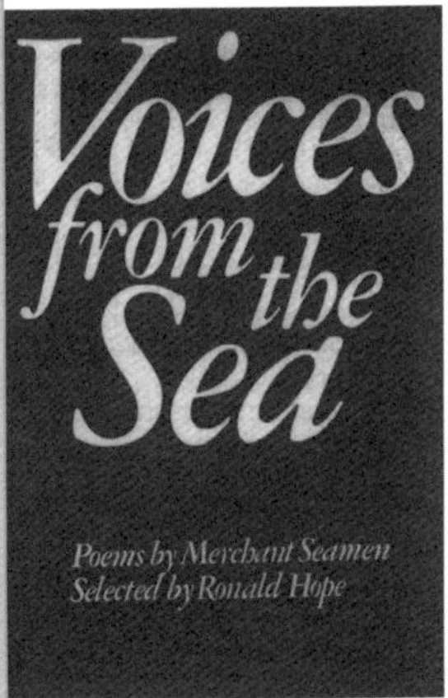

<영국의 The Marine Society의 현상 모집에 응모한 시 중에서 선정하여 엮은 시집 'Voices from the Seas'. 메이스필드는 작고할 때까지 심사위원으로 활약했다.>

마린소사이어티 문장(emblem)

J.H. 애그뉴 *J.H. Agnew*
쓰지 않은 사연 Unwritten Letter

제임스 클라크 *James Clark*
파수대 Crow's Nest

모리스 하니 *Maurice Harney*
회상 Rememberings

R. 폴더 *R. Folder*
바다의 장관 Ocean Glory

브레트 해이즈 *Brett Hayes*
러시아 트롤선 Russian Trawlers

R.H. 휴손 *R.H. Hughson*
그리워 Reverie

M.A. 먹켄지 *M.A. Mckenzie*
당신 곁을 떠나고 I Left You

존 R. 스코트 *John R. Scott*
선원의 구혼 Sailor's Proposal

마이클 구루닐 *Michael Grunnill*
선원병원에서 보이는 커티 사크 호
The "Cutty Sark" seen from the Seamen's Hospital

애트우드 롭선 *Attwood Robson*
경종 Alarm Bell

쓰지 않은 사연

J.H. 애그뉴

내 사랑,
사랑하는 그녀는 울고 있습니다.
긴긴 겨울밤 바느질로 지새웁니다.
화사한 봄날,
님이 돌아오기를 기도하면서.

그녀가 만날 수 없는 사람들,
그리고 이국 땅 아가씨들,
즐거운 곳의 이야기들을 적어 띄우면,
그녀는 얼마나 마음이 상할까.

무엇보다도,
이제, 끝날 줄 알았던 항해(航海)는
끝나질 않고,
이제 떠나야만 하다니,
바다 위를 가고,
또 가야 하네.

어이 이 사연을,

그녀에게 전할 수 있으리오.

파수대

제임스 클라크

파수대는 흔들린다…
파도는 구르고
바람에 흩날리는 낙엽처럼
흰 파도는 지나가고,
음산한 구름이 하늘을 뒤덮을 때,
세찬 큰 파도가 밀려와
배를 들어 올릴 때,
파수대는 별안간 빙빙 돈다.
흔들리는 꼭대기가
파도에 휩싸였다 솟아날 때…
파수대는 정말 외로울거야.

파수대는 말이 없다…
미더운 두 눈이 딴 배들의 자취 찾아
밤을 지키고,
종소리가 지루한 당직시간을 알릴 때,
바다에 사는 사람들은
무사히 항해를 해야 하는데,

너는 하느님께 맡겨 있으니…
파수대는 정말 즐거울거야.

파수대는 물에 잠긴다…
마치 왕에게 경의를 표하는 신하처럼;
밀려오는 파도가 굽이쳐 구를 때,
배는 생동한다 ;
그러다가 다시금 햇살이 퍼져
대양이 잔잔해지면,
번쩍이는 화려한 돛…
파수대는 정말 고요할거야.

파수대는 조용하다…
별은 밤하늘에 총총히 뿌려 있고
바람은 솔솔 불 때
파도는 뱃전에서 속살거리고,
만사가 순조로울 때 ;
그러면 사람들은 남을 생각해 주고,

삶과 사랑을 생각해 볼 짬이 생기고,
아마 기도를 드릴 수 있겠지…
파수대는 정말 평화로울거야.

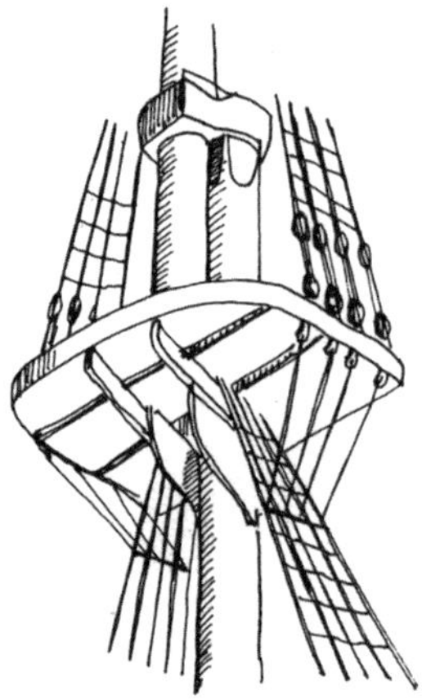

회상

모리스 하니

나는 회상해 본다,
멀리 사라진 지난 날들을 :
조류(潮流)와 바다 ;
그리고 스페인 부두에서 헤어진
곱게 머리 빗은 소녀를 ;

선원 친구들, 그리고
바람에 입맞추는 배들,
젊은 날에 우리는 그 배를 타고
먼 바다를 달렸었지 ;
선원들이 부르는 향수에 젖은 옛 노래를
나는 회상해 본다.

썰물, 그리고
돛배와 곱게 머리빗은 소녀를 위해
거센 바닷바람이 부르는 슬픈 노래 소리,
그리고, 해조(海鳥)의 나래에 얹혀
사라져 버린 젊은 날을—
나는 회상해 본다.

바다의 장관

R. 폴더

보이는 한—
끝없이 단조롭다,
멋도 없고 맛도 없는
회색 바다 푸른 바다.
뭍에 사는 사람들의
저 영광된 학문은
어디 있는가?

거품 이는 흰 파도, 그리고
물거품 튀기는 인어의 동굴,
야자수 늘어선 낭만의 바닷가를 보았다,
이국풍의 옛 땅에서.
해는 지고 달 뜨는데,
구름 덮인 하늘은 그림 같구나.

하지만
뛰노는 고기 구경에 지쳐 버리고,
풍랑은 귀찮게 군다 ;

바다를 건너고 나면,
런던의 시커먼 참새들과
뒷뜰의 부풀어 오른 서양 호박에서,
낭만을 찾겠지.

러시아 트롤선

브레트 해이즈

화창한 어느 날
남대서양에서
러시아 트롤선을 보았다,
날카로운 뱃머리로,
남쪽으로 달리는 배를 ;
같은 속력, 같은 거리를 두고
서로서로 달리고 있는.

굶주린 시커먼 이리 떼들이,
고향을 멀리 등지고,
햇빛 찬란한 고요한 저 바다를
더듬고 있다,
시베리아 겨울처럼,
매섭고 무자비할 만큼
빈틈없이.

그리워

R.H. 휴손

오, 현명하고 노련한 바다여,
불가사의한 연인이여 —
얼마나 많은 비밀을 간직하고
말없이 접어 두고 있는가?
노령(老齡)의 너의 장막 속에.

변덕스런 바다여,
조소(嘲笑)하면서 열정적으로,
숨겨둔 창고 둘레를 어쩌면 그렇게도
두리번거리면서, 재앙을 골라내는가?
신나게 장난할 때처럼.

잔인한 바다여,
갖가지 너의 모습 사랑스럽고 두렵구나 ;
저 큰 파도 밑에 평온하게
무엇이 잠들고 있는가,
물거품 이는 저 수문 너머로
무엇이 있는가, 가끔 생각해 본다.

당신 곁을 떠나고

M.A. 먹켄지

또다시 항해가,

나는 당신 곁을 떠났소
혼잡하게 들어선 마스트 사이에서,
냉담한 깃발 속에서,
적막한 세계에서
인정이 아쉬운
길게 늘어진 보기 흉한 크레인 사이에서,
마치 콘크리트, 자갈, 그리고 유리 그릇
불모지 속의 독수리처럼.
나는 당신을 두고 떠났소.

또다시 항해가,
기어코 떠나야만 하는 별리(別離).
나는 멀리 안개에 싸인
서글픈 언덕으로 걸어 갔소—
미심쩍지만 놀라움도 없소.
나는 당신 곁을 떠났소,

당신이 지은 노래 소리 이제 그치고 ;
무성한 풀밭 사이에서 부르던 그 노래는
이제 기쁨도 웃음도 사라진 채 불리고 있는데.

선원의 구혼

존 R. 스코트

사랑하는 님이시여,
우리 결혼하여 큰 바다로 떠납시다 ;
배 이름은 <애저리일>이라 짓고 ;
우리 둘은 오뒷세이의 아르고 원정대원,
키는 인어에게 잡게 합시다.

칠대양, 아니 더 많은 바다를 건너 –
고대 그리스의 섬들을 찾아 돌고,
전설이 묻힌 섬들에 올라
황금의 양털을 찾아 봅시다.

힘센 사냥꾼 바다에 가라앉히고,
마스트 위 높다랗게 십자성을 매답시다.
그곳 남동 무역풍 부는 곳에서,
남해왕조(南海王鳥) 깃털을 어루만져 봅시다.
그러다가 새벽에
샛별을 마주하면,
우리는 꼭 믿고 있지요

비너스 여신이 저 먼 곳에서
큰 행복의 약속을 보내시는 것을.

그리고, 서녘 하늘에 지는 해의
금빛 햇살을 바라봅니다 ;
다정한 넵튠 해신의 눈동자 —
태양이 산뜻 반짝이며 작별합니다.

우리는 열렬히 성배(聖杯)를 찾으리라.
세월 따라 헤매면서.
라이어네스의 포도주를 담아 마시고 ;
애벌론의 과일을 맛보리라.

선원병원에서 보이는 커티 사크 호

마이클 구루닐

창 밖에 배가 보인다,
하늘에 모습을 드러내고 구경꾼들의 눈을 쳐다보고 있다,
생명이 다한 멋쟁이 전리품
표본처럼 꼼짝 않고 누워 있다.
대해(大海)를 향하여 싸울 듯이 거만한 기움 돛대 쑥 내밀고
무엇을 생각하고 있을까?
다시 한 번 다른 우지트가 이를 악물고 <서모필리>와
    경주하기를 동경하고 있는가?
그러나, 안될 말!
이제 끝이 뾰족한 마스트는 널따란 많은 돛을 달아 올릴 수 없다,
높직한 돛 달았을 때 냉담하고 뽐냈지만,
바람 소리 지껄이는 돛대 밧줄을 뒤흔든, 풍랑 억센
    북대서양의 해역을 버티어 냈다.
커티 사크를 사랑하고 미워했던 사람들은 그 얼마였더냐!
선주들, 선장들, 혼승(混乘)한 선원들, 배를 지은 린튼…
나는 몽상에서 깨어났다, 간호사가 차를 가져오는 바람에.
나는 병동을 건너 절름거리며, 고통에 시달리는 환자들의 얼굴을 본다.
아랑곳없고 알 수 없는 측은함이 감도는데.

경종

애트우드 롭선

프리머스 만에서 종소리를 들었다,
밤의 정적을 깨는 종소리를 ;
창백한 달빛 아래
고요한 파도 위로 울려 퍼졌다,
배 한 척 보이지 않는 어두운 밤에.

종소리는 파도를 타고 또렷이 울렸다,
내려다보이는 저곳 먼 바닷가 너머로 ;
그러다가 나의 귀에 메아리쳤다,
'영국이여 잠을 깨라고 말해라!' —
아마 드레이크가 보낸 말이겠지.

영미 해양명시선

어머니의 품, 생명의 바다

초판 1쇄 인쇄 2024년 5월 15일
초판 1쇄 발행 2024년 5월 20일

역·편자 | 이재우
펴낸이 | 강신용
펴낸곳 | 문경출판사
주 소 | 대전광역시 동구 태전로 70-9(삼성동)
전 화 | (042) 254-9668, 221-9668~9
팩 스 | (042) 256-6096
E-mail | mun9668@hanmail.net
등록번호 | 제 사 113

값 20,000원

ISBN 978-89-7846-851-0 03810

Copies of this poster measuring 30 × 20 inches are available, price 25p post-free.

STORES
KEEP OUT
KEEP DRY
LAGER
KEEP COOL
LAGER
LONDON
GRENVILLE COTTINGHAM